SYLT Fräulein

Für Ilse und Hauke

falkemedia stadtmagazine GmbH | Kiel, 2019
www.syltfraeulein.de

Rüm Hart, klaar Kiming –
weites Herz, klarer Horizont

Vorwort

Ahoi!

Kennst du ihn auch? Diesen Moment, wenn du über endlos lange Stege und sandige Wege endlich den höchsten Punkt der Düne erklommen hast und sich vor dir der Blick über die brausende Nordsee erstreckt?

Dieser Moment bedeutet das pure Glück für mich – und das von Kindesbeinen an, denn Sylt spielt in meinem Leben eine besondere Rolle. Meine Großeltern lernten sich hier kennen und meine Mama wurde in Westerland geboren. Und auch ich verbrachte viele Kindheitstage auf der Insel (mehr dazu auf Seite 284).

Nun reiste ich ein Jahr lang Monat für Monat zurück an meinen Herzensort. Meine Erlebnisse habe ich für dich in diesem Büchlein festgehalten. Ich teile meine persönlichen Lieblingsmomente und Ausflugstipps mit dir, gebe dir Einblicke in hervorragende Küchen und stilvolle Unterkünfte. Begleite mich auf meinen Spaziergängen durch die Inselorte, erklimm den Leuchtturm der Liebe, erfahr Wichtiges über Küstenschutz und lern interessante Inselgesichter kennen.

Egal ob du ein Sylt-Neuling oder jahrelanger Sylt-Fan bist – ich hoffe, du findest auf den folgenden Seiten passende Inspirationen. Ich wünsche dir viele einzigartige Momente auf dieser ganz besonderen Insel.

Deine Finja Schulze

Finja Schulze

Begleite mich auch bei Instagram unter @sylt_fraeulein auf meinen Insel-Entdeckungstouren.

Inhaltsverzeichnis

Der Norden

Der Westen

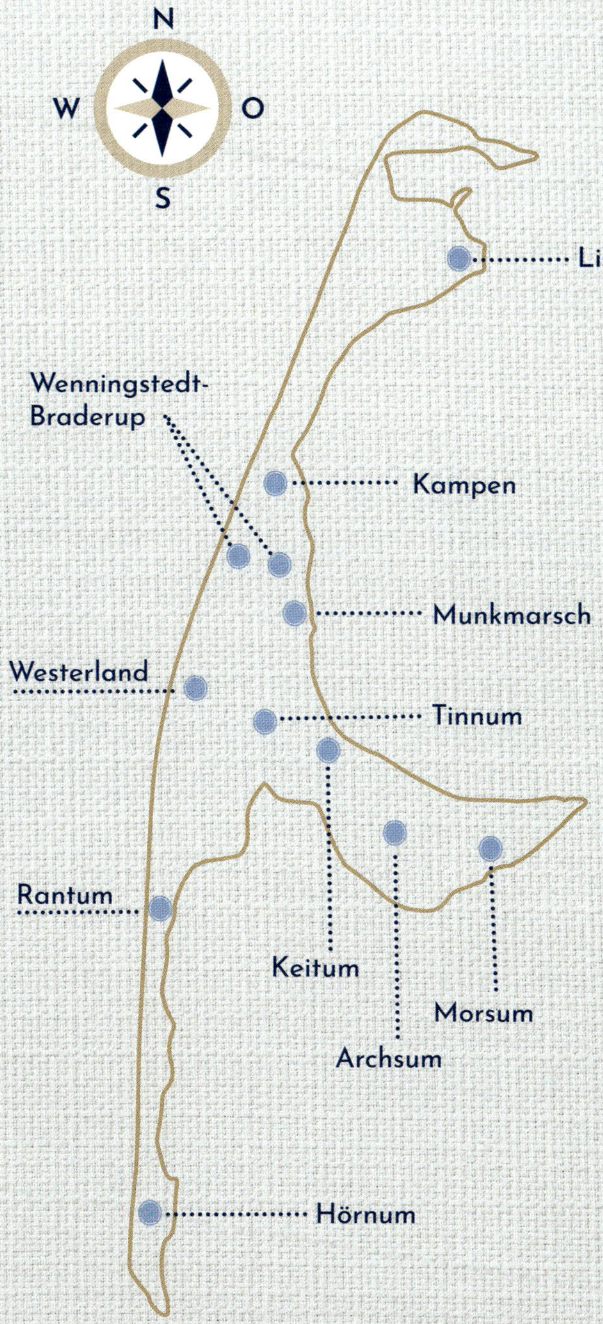
N
W
O
S
List
Wenningstedt-
Braderup
Kampen
Munkmarsch
Westerland
Tinnum
Rantum
Keitum
Morsum
Archsum
Hörnum

Inhaltsverzeichnis

Inhaltsverzeichnis

Inselgesichter

Inselgeschichten

www.duenenpark-sylt.de

18 Hektar Zukunft für List:
ein ***Ferienpark*** *in naturnaher Dünenlandschaft sowie neuer* ***Wohnraum*** *für Insulaner und jene, die es werden wollen.*

» Neuer, bezahlbarer Wohnraum für hunderte Insulaner
» Mehr als 80 hochwertige Ferienhäuser mit individueller Architektur
» Harmonische und naturnahe Gestaltung, z. B. mit Reet, Dünengras und Heidekraut
» Innovatives Mobilitäts- und Versorgungskonzept

www.duenenpark-sylt.de

»*Dieser Moment, wenn …*

… du glaubst, zwischen Schafen
und Leuchttürmen der einzige
Mensch auf der Welt zu sein«

List

Mein Herzensort im Norden

Seitdem ich klein bin, verbinde ich mit Sylts nördlichstem Ort Familienurlaube, den quirligen Hafen, frei laufende Schafe, Ausflüge zum Ellenbogen und ein unbeschreibliches Gefühl von Freiheit

Am Ellenbogen erstrahlt die Insel im für mich schönsten Licht.

Kindheitserinnerungen werden wach

In List wohnte früher meine Uroma in einem Reetdachhaus im Frischwassertal. Als Kind verbrachte ich dort unvergessliche Sommertage mit meinen Großeltern, meinen Eltern und meinem Bruder. Ich erinnere mich noch, wie meine Oma im Lister Hafen fangfrische Krabben am Kutter kaufte und wie sie mir das Pulen der Meerestiere beibrachte. Seitdem hat sich viel getan im Inselnorden. Spannende Projekte wie das Einkaufszentrum im Lister Markt oder das Erlebniszentrum Naturgewalten nahe des Hafens wurden realisiert. Auf einer 18 Hektar großen Fläche entsteht gerade der Dünenpark List mit bezahlbarem Wohnraum für Insulaner und einem harmonisch angelegten Ferienhauspark.

Ein Besuch des Lister Hafens darf in deinem Urlaubsprogramm nicht fehlen.

Eine Seefahrt, die ist lustig

Mit List beginnt nicht nur unsere gemeinsame Reise durch dieses Buch, sondern auch die Reise vieler Urlauber. Denn am Hafen legt die Syltfähre an. Sie pendelt zwischen der dänischen Insel Rømø und Sylt hin und her. Du kannst sogar deinen Pkw oder Wohnwagen mit an Bord nehmen. Weitere Infos findest du auf www.syltfaehre.de. In unmittelbarer Nähe lädt die Alte Tonnenhalle, eine Markthalle, zum Bummeln ein und ein Stück weiter erstreckt sich ein Strandabschnitt. Morgens lassen sich dort die malerischsten Sonnenaufgänge betrachten.

Bis zu 18-mal am Tag legt die Syltfähre hier im Lister Hafen an und ab. Die Fahrtzeit beträgt circa 40 Minuten.

Wusstest du …

…dass es vier Möglichkeiten gibt, nach Sylt zu gelangen? Mit der Fähre, mit dem Zug, mit dem Autozug oder mit dem Flugzeug.

Auf der Suche
NACH DEM BESONDEREN

Mylin ist die erste Adresse für Kunden, die handgefertigte Unikate lieben. Hier findet Ihr antike Kachelöfen, exquisite Möbelstücke, historische und neu gefertigte Bodenmaterialien aus Holz, Terrakotta und Naturstein sowie stilvolle Wohnaccessoires. Besucht den Shop in List und macht einen Ausflug in die Welt einer besonderen Wohnkultur.

MANUFAKTUR
Mylin
SEIT 1955

IST AUF SYLT
ÜNENSTRASSE 1

MYLIN®

WWW.MYLIN.DE
TEL. 04651 870845

Grenzenlos frei fühlen

Wenn man mich nach meinem Sylter Lieblingsplatz fragt, dann fällt mir die Antwort leicht: der Ellenbogen, weil der nördlichste Inselhaken einer anderen Welt gleicht. Hier herrschen Ruhe, Einsamkeit und Schafe. Denn die wolligen Ureinwohner laufen frei herum. Daher gilt: Schafe haben Vorfahrt und Hunde Leinenpflicht! Zum Ellenbogen gelangst du über eine holprige Straße. Da sich diese in Privatbesitz befindet, wird für Autofahrer eine Maut-

Wusstest du ...

... dass die Naturbucht Königshafen zwischen List und dem Ellenbogen perfekte Voraussetzungen für Surfanfänger bietet? Windsurfen ist allerdings nur drei Stunden vor und nach dem Hochwasser möglich.

Die ausgewiesenen Schutzzonen des Nationalparks Schleswig-Holsteinisches Wattenmeer dürfen nicht betreten werden.

gebühr von 6 Euro fällig. Nachdem du das Kassenhäuschen passiert hast, kommst du vorbei an den zwei nördlichsten Leuchttürmen Deutschlands: den Leuchttürmen List-Ost und List-West.
Es gibt wenige Orte, an denen ich mich so frei fühle wie hier am kilometerlangen Sandstrand. Es sind die unberührte Natur, die Weite, das Licht, die Wolkenspiele am Himmel und die Kraft der Nordsee, die mein Herz so berühren. Keine Restaurants, keine Strandkörbe, Imbisse oder Souvenirshops. Selbst zur Hochsaison ist es meist menschenleer. Hier ist Sylt einfach nur Sylt. Beim Spazieren vergesse ich jedes Mal die Zeit, bin ganz bei mir. Ob Regen oder Sonnenschein – das Wetter ist mir dabei herzlich egal. Ganz wichtig zu wissen: Aufgrund von lebensgefährlichen Tiefenströmungen ist das Baden hier verboten!

In der Austernstube gibt es neben der puren Auster auch überbackene Varianten.

Von Wanderdünen, Seekühen und Royals

Diese drei Highlights liegen auf dem Weg zwischen Kampen und List. Wanderdünen sind Sandaufwehungen, die durch stetigen Wind 2 bis 3 Meter pro Jahr wandern. Sie verleihen dem sogenannten Listland sein einzigartiges Landschaftsbild. Die Seekühe in der Blidselbucht auf der Ostseite wirst du bei Ebbe mitten im Watt erkennen. Es handelt sich dabei nicht um Lebewesen, sondern um Plattformen, die früher von den Engländern zum Trainieren von Bombenabwürfen genutzt wurden. In ihrer Nähe befinden sich die Austernbänke von Dittmeyer's Austern-Compagnie. Dort wird die sogenannte „Sylter Royal" gezüchtet. In der Austernstube in der Hafenstraße kommt das Schalentier in verschiedenen Variationen auf den Tisch. Die Chance, deine erste Auster zu probieren!

Wusstest du …

… dass du bei einem Austern-Seminar alles über die Aufzucht, Pflege und den richtigen Verzehr von Austern erfährst? Infos unter www.sylter-royal.de.

Ihr Zwischenstopp auf
der Heimreise von der Insel.
Das SIDE in Hamburg.
10 % Ermäßigung
Garantiertes upgrade
Buchungscode: Sylt

Weststrand-Love

In diesem Buch darf eine kleine Ode an den über 40 Kilometer langen Weststrand nicht fehlen. Warum? Weil die von Dünen umrahmten Strände auf der Westseite so unglaublich weit, so fein, so schön sind. Weil dir die Nordsee mal mit kräftiger Brandung, mal mit seichten Wellen begegnet. Weil FFK-, Textil- oder Hundestrände für jeden das Richtige bieten. Weil du entweder im Sand oder im Strandkorb chillen kannst. Während du

Wusstest du ...

... dass es vier Strandsaunen auf Sylt gibt? Du findest sie in List, zweimal in Rantum und in Hörnum (diese ist sogar ganzjährig geöffnet). Nach dem Schwitzen einfach zur Abkühlung nackt in die Nordsee springen!

Mein Tipp: Hinsetzen und dem Meeresrauschen lauschen.

dort im Winter manchmal der einzige Mensch weit und breit bist, kann es im Sommer sehr voll werden. In List ist allerdings immer etwas weniger los. Den Strandabschnitt B auf Höhe der Weststrandhalle mag ich besonders gern. Dort befindet sich neben einem Strandbistro eine fantastische Aussichtsdüne. Von ganz oben hast du einen phänomenalen Rundumblick auf den Ellenbogen, die zwei Leuchttürme und das gesamte Listland. Wenn du südlich entlang des Meeres spazierst, wirst du auf Höhe der Strandsauna mit etwas Glück an „Doro's Tisch" (Bild) vorbeikommen. Eine gedeckte Tafel aus Treibgut, die einem kleinen Kunstwerk gleicht.

Schiff ahoi!

Komm mit auf eine Ausflugsfahrt zu den Seehundbänken

Vorsichtig steige ich eine Planke hinab, um an Bord der „Rosa Paluka" zu gelangen. Sanft schaukelt der rote Kutter auf den Wellen im Lister Hafenbecken auf und ab, bevor unsere Ausflugsfahrt zu den Seehundbänken beginnt. Diese wird zwischen April und November täglich ab List wie auch Hörnum von Adler-Schiffe angeboten. Die Tickets erhältst du entweder an den Info-Pavillons am Hafen oder bequem online.
Alle Passagiere haben sich mittlerweile an Deck eingefunden und wir stechen in See. Vorbei an der Hafenkante und ganz nah am Ellenbogen entlang, von wo aus uns Spaziergänger fröhlich zuwinken. Wir entfernen uns immer weiter von der Insel und in der Ferne kann ich schon die Küste Dänemarks erkennen. Während wir auf der Nordsee schippern, erzählt uns der Kapitän interessante Seemannsgeschichten. Sein Matrose lässt derweil ein Schleppnetz zu Wasser, um uns die Meeresbewohner der Nordsee näher vorzustellen. Er packt eine große Kiste in unsere Mitte auf einen Tisch. Darin tummeln sich Krabben, Taschenkrebse und Muscheln,

Der Anleger der Ausflugskutter „Rosa Paluka" und „Gret Palucca" befindet sich in der Hafenstraße 20, 25992 List.

über die wir Wissenswertes erfahren. Ein freudiger Aufschrei aus der Meute verrät mir, dass wir unser Ziel erreicht haben. Unzählige Seehunde sonnen sich genüsslich vor unseren Augen auf einer langen Sandbank. Hin und wieder robbt ein Tier zum Wasser und lässt sich in die Fluten gleiten. Während die Kinder die gefangenen Meeresbewohner zurück in die Freiheit entlassen, werfe ich einen letzten Blick auf die Säugetiere. Solange, bis sie am Horizont verschwinden und wir nach 1,5 Stunden schließlich wieder im Hafen anlegen. Ein echtes Erlebnis!

Ab List freuen sich die Kleinen über die Piratenfahrt mit Verkleidung, Meuterei und Schatzsuche. Ab Hörnum bietet Adler-Schiffe auch Ausflüge zu den Nachbarinseln Föhr, Amrum, Helgoland sowie den Halligen an. Infos zum gesamten Angebot findest du unter www.adler-schiffe.de/sylt.

Interview

Der Herr der Schafe

Jürgen Wolf-Diedrichsen ist seit mehr als 20 Jahren Schafhalter auf Sylt. Bestimmt hast du seine Schafe schon einmal in List über die Straße laufen oder am Ellenbogen grasen sehen. Denn er hält seine Tiere nicht im Gehege, sondern lässt sie bei jeglicher Witterung frei über den Norden der Insel laufen

Sylt Fräulein: Wie viele Schafe befinden sich in deiner Herde?

Jürgen: Zurzeit habe ich 250 Mutterschafe und 15 Böcke. Im Frühjahr werden bis zu 350 Lämmer geboren. Jeden September trenne ich die Böcke von der Herde und führe sie im November wieder hinzu. So habe ich den Zeitraum perfekt abgepasst, damit die Lämmchen über die Ostertage geboren werden. Sie befinden sich dann im geschützten Stall und sind weniger Stress ausgesetzt, da in dieser Zeit sehr viele Touristen die Insel besuchen.

Die Schafhaltung ist eine jahrhundertealte Tradition in Jürgens Familie.

Wie gehen deine Schafe mit Unwetter um?

Meine Tiere befinden sich bei allen Witterungsbedingungen in der freien Natur. Wenn ein Unwetter heraufzieht, merken sie es. Dann gehen sie in die Dünen, um dort Schutz vor Sturm und Hochwasser zu suchen. Manchmal kommt es vor, dass ein Schaf es versäumt, sich vom Ufer zu entfernen. Dann steht es auch schon mal mit dem Bauch im Wasser. Das ist aber nicht schlimm für das Tier. Es wartet dort einfach so lange, bis das Wasser wieder abgeflossen ist.

Warum sind Schafe so wichtig für die Insel?

Im Gegensatz zu großen Huftieren befestigen sie den Deich und ebnen ihn. Außerdem halten sie das Gras und andere Gewächse kurz, wo normalerweise große Maschinen zum Einsatz kommen müssten. Würde es in List keine Schafe geben, wäre der Ellenbogen komplett mit Sträuchern zugewachsen und die Heckenrose würde sich fatal ausbreiten.

Sind die Schafe in der freien Natur bestimmten Gefahren ausgesetzt?

Eine besondere Gefahr stellen für die Schafe frei herumlaufende Hunde dar. Es ist schon einige Male vorgekommen, dass ein Hund eins meiner Schafe gerissen oder es im wahrsten Sinne des Wortes zu Tode erschreckt hat. Deswegen ist es so wichtig, dass Hundebesitzer sich an die Leinenpflicht halten. Das wird jedoch noch überschattet von dem größten Problem. Wenn der Wolf es auf die Insel schafft, ist es ein für allemal vorbei mit der Haltung von Schafen. Meine Gebiete sind so weitreichend, dass ich nicht alles einzäunen könnte.

Runter vom Gas!
Am Ellenbogen solltest du die Tempovorgaben beachten und das Gas drosseln. Schafe haben immer Vorfahrt!

Schlaue Köpfe
Schafe können sich eine gewisse Anzahl an Gesichtern merken. Sie erkennen also ihre Bezugsperson.

Erzählst du zum Abschluss noch eine kleine Anekdote aus deinem Leben mit Schafen?

Ich finde es bewundernswert, was für einen guten Instinkt Schafe haben. Als ich eines Tages die Tiere nach der Lammzeit mit ihrem Nachwuchs von der Weide auf die Deiche getrieben habe, ist ein Mutterschaf immer wieder stehen geblieben und hat gemeckert. Als ich es dann einfach laufen ließ, ist es schnurstracks zur alten Weide zurück. In der hintersten Ecke lagen zwei Lämmchen im Schatten, die von der Aufbruchsstimmung nichts mitbekommen hatten. Das Schaf hatte es aber bemerkt und wollte mich drauf aufmerksam machen.

Jürgens Schafe sind vom Lister Ellenbogen nicht mehr wegzudenken.

Resort A-Rosa

Tauch ab vom Alltag und tank neue Energie inmitten der Sylter Natur

Gastgeber | Eckart Pfannkuchen

Mein Tipp: *Sushi-Liebhaber sollten unbedingt im Restaurant Spices – by Tim Raue vorbeischauen. Infos unter www.spices-sylt.de.*

Bei meinem allerersten Besuch im Luxushotel A-ROSA kam ich aus dem Staunen nicht mehr heraus. Vor allem beim Anblick des 3.500 Quadratmeter großen Wellnessbereichs. Der beheizte Pool verläuft tatsächlich von innen nach außen. Du kannst also inmitten der Dünen deine Bahnen ziehen. Hinzu kommen Wellnessbehandlungen, Saunawelten, eine Private-Spa-Suite, ein Fitnessbereich und vieles mehr. Die gute Nachricht: Du musst kein

Hotelgast sein, um all das zu erleben. Es gibt tolle Angebote für Day-Spa-Gäste. Solltest du länger bleiben, kannst du dich über stilvoll eingerichtete Zimmer freuen. Das Frühstück ist ein Traum und das gesamte Resort hat mit drei Bars, zwei Restaurants, Livemusik am Abend und erstklassiger Kinderbetreuung einiges zu bieten. Ich habe während meines Aufenthalts in dieser Wohlfühlwelt am Wattenmeer unglaublich viel Kraft getankt.

A-ROSA	**Kontakt**
Sylt	www.a-rosa-resorts.de
Listlandstraße 11	empfang.sylt@a-rosa.de
25992 List	(04651) 96 75 07 00

Hotel Easy Living

Spazier direkt nach dem Aufwachen zum Sonnenaufgang an den Strand

Gastgeberin | Jennifer Emmer

Mein Tipp: *Buch dir vor deinem Urlaub ein Wellnesspaket mit wohltuender Easy-Living-experience-Massage.*

Die weißen Veranden und das hellgraue Holz des Easy Living beamen mich gedanklich immer an die amerikanische Ostküste. Wir sind hier zwar nicht in den Hamptons, aber Ostküstenflair gibt es trotzdem. Denn das Hotel liegt nur wenige Meter vom Lister Oststrand entfernt. Nicht nur die geniale Lage, sondern auch das maritime Design, die stilvoll eingerichteten Zimmer mit Panoramafenstern, der Meer- oder Dünenblick, der moderne

Spa-Bereich und das reichhaltige Frühstücksbüfett versprechen viel Erholung. Also, einfach Füße hoch, Kopf aus und Meeresrauschen an! Da das Hotel im Shoppingcenter Lister Markt „verankert" ist, kannst du dort wunderbar in kleinen Läden bummeln, Kaffee und Kuchen in einem Café genießen oder den Abend im Restaurant Easy ausklingen lassen. Probiere dort unbedingt einmal das krosse Bio-Hähnchen oder die Pizza di Galloway.

Hotel	**Kontakt**
Easy Living	www.hotel-easy-living.de
Hafenstraße 2a	info@hotel-easy-living.de
25992 List	(04651) 936 50 50

Gosch

Erlebe deinen GOSCH-Moment in der Nördlichsten Fischbude Deutschlands

Inhaber | Jürgen Gosch

Mein Tipp: *Neben List findest du GOSCH in der Friedrichstraße und am Strand von Westerland sowie am Kliff von Wenningstedt.*

Sylt ohne GOSCH? Undenkbar! Als ich noch ein Kind war, gehörte es zum Urlaubsritual meiner Familie dazu, dass wir mindestens einmal bei GOSCH am Lister Hafen vorbeischauten. Für Papa gab es den Muscheltopf und ein Glas Weißwein, für Mama Flußkrebse mit Cocktailsoße und für meinen Bruder und mich Krabbenbrötchen. Das war unser persönlicher GOSCH-Moment. Auch heute noch führt mich der Weg zur Nördlichsten Fischbude Deutsch-

lands. Ich mag das urig-maritime Flair in der Alten Bootshalle und die gut gelaunten Menschen. Ein Fischbrötchen geht natürlich immer. Die Kanapees, das sind mit verschiedenen Fischspezialitäten belegte Brotscheiben, haben es mir neuerdings angetan. Die gibt es gegenüber im Fischmarkt – sogar zum Mitnehmen. Bei schönem Wetter „gosche" ich im XXL-Strandkorb in der Sonne, gönne mir ein Glas Wein und genieße das Leben in vollen Zügen.

GOSCH	**Kontakt**
Verwaltungs GmbH & Co. KG	www.gosch.de
Hafenstraße 16	info@gosch.de
25992 List	(04651) 951 90

Restaurant Königshafen

Genieße Familie Hansens fantastische Fischspezialitäten

Gastgeber | Kristina Hansen & Patrick Hansen-Leipelt

Mein Tipp: *Reservier im Sommer unbedingt einen Tisch im idyllischen Garten. Dort gibt es sogar einen Spielplatz für die Kleinen.*

Kaum zu glauben, dass Kristina das Restaurant Königshafen bereits in fünfter Generation führt. So eine lange Familientradition findet man auf der Insel nur noch selten. 1881 wurde das Haus erbaut. Ein Ort mit viel Geschichte also. Das wird auch anhand der Einrichtung deutlich: maritime Elemente, gemischt mit alten Fotografien und Porträts der Hansens. Hinter dem Herd wirbelt Kristinas Mann Patrick herum. Der leidenschaftliche Koch vereint

altbewährte Köstlichkeiten mit einer frischen Brise aus der modernen Küche – und das auf höchstem Niveau. Spezialität des Königshafens ist bis heute Fisch aus der Nordsee geblieben. Von Scholle über Seezunge bis Kabeljaufilet lässt die Karte keine Wünsche offen. Auch regionale Fleischgerichte wie Rumpsteak oder Lammhaxe gehören dazu. Ich durfte zusehen, wie der Steinbutt auf den Punkt genau gegart wurde. Einfach ein Gedicht!

Restaurant Königshafen	**Kontakt**
Alte Dorfstraße 1	www.koenigshafen.de
25992 List	info@koenigshafen.de
	(04651) 87 04 46

Sylter Eismanufaktur

Gönn dir ein Eis aus frischen, regionalen und ganz natürlichen Zutaten

Inhaber | Detlef Fügeisen

Mein Tipp: *Auch im Winter gibt es hier Eis und zwar Sorten wie Spekulatius, Lebkuchen oder Pflaume-Zimt.*

Kein Sylt-Urlaub ohne mein heiß geliebtes Meersalz-Karamell-Eis! Dafür nehme ich das Schlangestehen an der Sylter Eismanufaktur gern in Kauf. Denn es hat sich mittlerweile längst herumgesprochen, dass Detlef Fügeisens hausgemachte Eisspezialitäten zu den besten der Insel gehören. Sein Eis wurde sogar zum viertbesten Deutschlands gekürt! Das liegt sicher auch daran, dass der leidenschaftliche Eismacher möglichst wenige und

vor allem natürliche Zutaten verwendet, um den puren Geschmack jeder Sorte zu unterstreichen. Eis ohne viel Gedöns sozusagen. Neben den Klassikern wie Schokolade, Erdbeere oder Vanille wird hier ebenso an ungewöhnlicheren Varianten wie geröstetes Kürbiskern- oder Milchreiseis getüftelt. Da Detlef ausschließlich frisch produziert, gilt das Motto: „Wer zuerst kommt – schleckt zuerst!" Was steht wohl morgen auf der Karte?

Sylter Eismanufaktur	**Kontakt**
Dünenstraße 3	www.sylter-eismanufaktur.de
25992 List	kontakt@sylter-eismanufaktur.de
	(04651) 835 68 10

Sylter Meersalz Manufaktur

Besuch den Salzmacher und koste seine Leckereien mit Meergeschmack

Inhaber | Filiz & Alexandro Pape

Mein Tipp: *Alexandro tüftelt permanent an originellen Produkten und Ideen. Bei jedem Besuch gibt es etwas Neues zu entdecken. Es lohnt sich, regelmäßig vorbeizuschauen.*

Jahrelang arbeitete der ehemalige Zwei-Sternekoch Alexandro mit unerschöpflicher Leidenschaft an seiner Idee, Meersalz aus der Nordsee zu gewinnen. Dank eines eigens hierfür entwickelten Verfahrens hatte er 2013 schließlich Erfolg. Seitdem kannst du das weiße Gold aus der Nordsee in seiner Genuss-Macherei in einer groben und einer feinen Variante frisch abgefüllt für zu Hause erwerben. Mit etwas Glück gewähren dir der Salzmacher und seine

Frau Filiz sogar einen Blick hinter die Kulissen der Salzgewinnung. Übrigens: Aus dem Kondenswasser, das dabei übrig bleibt, braut ein Braumeister tatsächlich Bier. Es trägt originelle Namen wie „WATT Blondes" oder „WATT'n Pale Ale". Im Sortiment findest du zudem haus- und handgemachte Nudeln nach original italienischem Rezept, verschiedene Pastasoßen, einen Malztrunk und vieles mehr. Für mich die perfekten Insel-Mitbringsel!

Sylter Meersalz Manufaktur
Hafenstraße 2
25992 List

Kontakt
www.sylter-meersalz.de
kontakt@sylter-meersalz.de
(04651) 942 90 74

Voigts Alte Backstube

Schwebe im siebten Salathimmel zwischen Pfannkuchen und Windbeuteln

Gastgeberin | Konstanze Voigt

Mein Tipp: *Den „Sylter Salathimmel", Kuchen und Eintöpfe im Weckglas gibt es in einem Laden gegenüber oder im Online-Shop zu kaufen.*

Verführerisch duftende fluffige Pfannkuchen, wie sie selbst meine Oma nicht besser backen könnte. Das leckerste Salatdressing und die gigantischsten Windbeutel bzw. „Sturmsäcke", die ich je gesehen habe. Das verbinde ich mit Voigts Alter Backstube. Es ist aber auch die Herzlichkeit von Inhaberin Konstanze, die mir so positiv in Erinnerung geblieben ist. Genauso wie das heimelige Wohnzimmerambiente des Cafés mit Teestube und Abend-

restaurant. Mach es dir im Sommer unbedingt im idyllischen Garten in einem Strandkorb gemütlich! Bei Schietwetter kuschelst du dich in den verglasten Wintergarten. Tee, Kaffee, Kuchen sowie Eintöpfe, Pasta und Salate mit dem sagenumwobenen Dressing „Sylter Salathimmel" werden hier zu jeder Tageszeit angeboten. Die über 70 verschiedenen Pfannkuchen von süß über herzhaft bis vegetarisch sollte man alle einmal probiert haben!

Voigts Alte Backstube	**Kontakt**
Süderhörn 2	www.voigts-sylt.de
25992 List	info@voigts-sylt.de
	(04651) 87 05 12

Lieblingsmomente

1.

2.

3.

4.

5.

1. Erleb und begreif die Dynamik der Meere im Erlebniszentrum Naturgewalten. 2. Geh auf die Suche nach maritimen Details am Hafen. 3. Knips ein Foto von den Lister Straßenschildern. Meine Lieblingsfigur: der Buckelwal. 4. Häng ein Liebesschloss an der LOVE-Wand hinter Gosch am Hafen auf. 5. Stech in See mit einem Ausflugskutter der Adler-Schiffe.

6. Begrüß den Leuchtturm List-West – das nördlichste Gebäude Deutschlands. 7. Fahr eine Runde mit dem Riesenrad. 8. Besuch Bo in seiner Werkstatt Dünenstrauss. Dort fertigt er Wohnaccessoires aus Strandgut. 9. Hol dir eine Suppe bei Maurice vom Sylter Suppenwagen. 10. Genieße ein Glas Wein auf der Terrasse der Lister Austernperle, direkt am Oststrand.

04651-995 58 53
grossmann-berger.de
Grossmann & Berger
Hamburg | Sylt | Berlin

»Dieser Moment, wenn …

du dich angesichts der tosenden Nordsee fühlst wie der kleine Teil eines großen Ganzen«

Kampen

Mehr als ein Klischee

Kampen ist sicher das berühmteste Inseldorf – exklusiv, elegant, teuer, aber zugleich natürlich, weltoffen und gemütlich. Für viele „ein Flirt fürs Leben"

Diese Bank steht auf dem Weg zum Quermarkenfeuer.

Über Vorurteile und Schubladendenken

Dass Kampen Vorurteile mit sich herumschleppt, ist uns wahrscheinlich allen bekannt. So heißt es, man müsse viel Geld haben, um in den edlen Designerboutiquen einzukaufen oder in den Restaurants auf dem Strönwai, der sogenannten Whiskymeile, zu dinieren. Und das wäre doch alles nur Schickimicki-Getue. Aber weißt du was? Das ist mir egal! Wenn ich an Kampen denke, dann sehe ich das Rote Kliff, weite Dünentäler, den schwarz-weißen Leuchtturm und traditionsreiche Reetdachhäuser vor meinen Augen. Genauso wie Kunstgalerien, vielseitige Gastronomie und Menschen, die interessante Geschichten zu erzählen haben. Die Insel hat so viele Gesichter, dass hier jeder sein eigenes Sylt-Gefühl erleben kann – ganz gleich wo und wie.

Das achteckige Quermarkenfeuer steht nordwestlich von Kampen.

Ab in den Sylter Dschungel

Wenn du die Hauptstraße in Richtung List entlangfährst, wirst du an einem dschungelartigen Urwald vorbeikommen. Gemeint ist die Vogelkoje Kampen. Bis 1913 befand sich in dem Naturschutzgebiet eine Entenfanganlage, die heute natürlich nicht mehr in Betrieb ist. Von April bis Oktober lädt ein Naturlehrpfad durch den Erlenbruchwald zu Spaziergängen ein. Weitere Infos zu den Öffnungszeiten findest du unter www.soelring-museen.de.

Hier gibt's den schönsten Rundumblick

Die unter Naturschutz stehende Uwe-Düne zwischen Kampen und Wenningstedt ist mit ihren 52,5 Metern der höchste Punkt der Insel. Wenn du die 110 Stufen bis zur Aussichtsplattform erklommen hast, dann reicht der Blick kilometerweit über Sylt und je nach Wetterlage sogar bis nach Dänemark.

Der Kampener Leuchtturm wird auch Langer Christian genannt.

Wusstest du ...

...dass die Uwe-Düne nach Uwe Jens Lornsen (1793-1883) benannt wurde? Er setzte sich für die Freiheit Schleswig-Holsteins ein.

Kitschig, aber schön: das Rote Kliff

Für mich ist das Rote Kliff zwischen Wenningstedt und Kampen der beste Platz, um Fotos vom malerischen Sonnenuntergang zu knipsen. Denn das etwa 4 Kilometer lange und etwa 30 Meter hohe Kliff leuchtet in der Abendsonne in einem tiefen Rotton. Seine rote Färbung verdankt das Kliff dem eisenhaltigen Lehm, der mit Sauerstoff reagiert, sozusagen „rostet". Die gesamte Kulisse wirkt unglaublich romantisch – fast schon kitschig wie in einem

Wusstest du …

… dass jährlich im Juli ein White Dinner am Kampener Strand stattfindet? Ein fröhliches Picknick an weiß gedeckter Tafel. Sicher dir vorab unbedingt einen Platz unter www.kampen.de. Dresscode: Weiß!

Dieses Panorama ist besser als jeder Kinofilm.

Rosamunde-Pilcher-Film. Doch in der Realität ist die Abbruchkante durch Sturmfluten leider immer wieder gefährdet. Nur die alljährlichen Sandvorspülungen können da einigermaßen helfen. Mehr über das Thema Küstenschutz erfährst du auf Seite 258. Entstanden ist das Kliff tatsächlich schon vor über 120.000 Jahren. Es diente Seefahrern früher zur Orientierung. Heute ist es ein unverkennbares Markenzeichen der Insel und steht zusammen mit der am oberen Rand beginnenden Heidelandschaft unter Naturschutz. Den besten Blick hast du im windgeschützten Strandkorb auf einer Holzplattform am Strandabschnitt Sturmhaube. Dort befindet sich auch ein großer Parkplatz. Einige Stege führen direkt an die Kliffkante heran. Das Betreten der Trampelpfade ist allerdings verboten!

Eine von vielen lauschigen Sitzecken im Café Kupferkanne.

Kaffee trinken wie die Hobbits

Ich liebe Spaziergänge auf der ruhigen Wattseite Kampens. Meine Lieblingsstrecke verläuft von Braderup nach Kampen. Dabei habe ich immer ein ganz bestimmtes Ziel im Sinn: die Kupferkanne. Das urige Café erinnert mich mit seinen unterirdischen Gängen und den kuscheligen Sitzecken an eine Hobbithöhle. Im Sommer bevorzuge ich den mit blühenden Hortensien umrahmten Garten, der fast genauso verwinkelt ist wie die Räumlichkeiten im Innern. Man muss aufpassen, dass man sich nicht verläuft. Die Kupferkanne ist längst kein Geheimtipp mehr, sodass es ganz schön voll werden kann. Mit etwas Geduld ergatterst du aber meistens ein freies Plätzchen. Weitere Infos findest du unter www.kupfer-kanne-sylt.de.

Wusstest du …

…dass der Kampener Käpt'n Falk Eitner Ortsführungen durch Kampen anbietet? Er zeigt dir sein „Paradies am Meeresstrand". Infos findest du unter www.falkeitner.de.

Kampen & die Kunst

Kampen wurde in seiner Ortsgeschichte vor allem von Künstlern, Schriftstellern und Intellektuellen geprägt. Dieser kulturelle Aspekt ist auch heute noch deutlich spürbar

„Diese prickelnde Luft, dieser Wind, der einem ständig um die Ohren pfeift, der schneeweiße Strand, diese ganze Pracht ohnegleichen. Kann es irgendwo schöner sein?" Dieses Zitat stammt von Schauspielerin und Schriftstellerin Clara Tiedemann (1891–1979). Es steht auf einer Gedenkstele nahe dem Quermarkenfeuer, die Teil des Kampener Kunst- und Kulturpfades ist, auf dem bekannte Künstler geehrt werden. Clara war es auch, die einst in dem 1923 erbauten Haus Kliffende, das du unten links siehst, gewohnt hat. Sie bewirtete dort Persönlichkeiten wie Thomas Mann und Emil Nolde. Heute gehört das gefährlich nah an der Abbruchkante stehende Anwesen einer privaten Investorgruppe. In der Gegenwart begeistert Kampen mit einer hohen Dichte an Kunstgalerien und dem jährlich stattfindenden Literatur- und Kultursommer. Auf dem Programm stehen Lesungen und Konzerte von Künstlern aus aller Welt. Aktuelle Informationen findest du unter www.kampen.de.

Mein Tipp:

Im Kaamp-Hüs finden wechselnde Ausstellungen von einheimischen und festländischen Künstlern statt.

Skulpturenkunst

Die zauberhaften Bronzefiguren, die sich entlang der Hauptstraße in Kampen verteilen, stammen von dem Bildhauer Jürgen Ebert.

Appartements
& Mehr

Checke ein und checke aus,
wann immer du möchtest

Gastgeber | Markus Wenzel

Mein Tipp: *Auf dem Parkplatz vor dem Büro darfst du dein E-Mobil kostenlos aufladen. Kein öffentlicher Ladepunkt auf Sylt lädt schneller.*

Stell dir vor, du könntest die Uhrzeit selbst bestimmen, zu der du in deinem Ferienappartement eincheckst. Nicht erst um 15 Uhr und vor allem nicht schon um 10 Uhr abreisen wie sonst üblich. Sondern früher kommen und länger bleiben. Genau das macht die Vermietagentur Appartements & Mehr möglich. Inhaber Markus und seine Crew vermieten die allerschönsten Ferienobjekte in Kampen. Die stilvollen Reetdachhäuser sind wirklich ein wahr

gewordener Traum. Dabei legt das Team viel Wert auf Details. Es sind immer frische Blumen im Haus, bei Ankunft wartet selbst gemachte Marmelade als Willkommensgeschenk und passend zur Jahreszeit werden die Domizile liebevoll dekoriert. Was Markus' Gäste besonders schätzen, ist der unkomplizierte und dennoch umfangreiche Service. Frei und unabhängig sein und sich trotzdem umsorgt wie in einem Hotel fühlen – dafür steht das Wort „Mehr".

Appartements & Mehr
Süderweg 1a
25999 Kampen

Kontakt
www.kampeninfo.de
urlaub@kampeninfo.de
(04651) 99 59 50

Strandbistro Buhne 16

Feier, surf und entspann mit den Füßen im Sand und dem Meer im Blick

Gastgeber | Tim & Sven Behrens

Mein Tipp: *Das jährliche Longboard-Festival zum Saisonende im September ist ein Muss für alle Wassersportbegeisterten.*

Die Buhne 16 verbinde ich mit Gelassenheit, Lebensfreude und Urlaubsfeeling. Da keine Straße zur kultigen Strandbude führt, muss man durch die Dünenlandschaft gehen und am Strand entlangmarschieren. Dabei schaltet man automatisch in einen entspannten Modus. Die Cousins Tim und Sven (Foto, von links) übernahmen den 1981 gegründeten Familienbetrieb vor 20 Jahren. Die Crew selbst wie auch das Publikum sind bunt gemischt,

das Flair ist herrlich ungezwungen. Die Bistroküche versorgt dich mit Currywurst, Flammkuchen, Pasta und guten Drinks wie dem hauseigenen Natural Dry Gin oder dem Beachburgunder. Hin und wieder sogar mit selbst geangelten und frisch geräucherten Makrelen. Du sitzt an Holztischen auf der windgeschützten Terrasse oder auf Bänken im Sand. Übrigens: In der Buh-tique nebenan gibt's wirklich coole Merchandise-Produkte. Stöbern lohnt sich!

Strandbistro **Buhne 16** Listlandstraße 133 b 25999 Kampen	**Kontakt** www.buhne16.de sven@buhne16.de (04651) 49 96

Restaurant & Café

Manne Pahl

Vergiss die Zeit und erliege dem Schweizer Charme

Gastgeber | Sarah & Pius Regli

Mein Tipp: *Auf www.kampen.de zeigt Pius den Schweizern und allen Inselfans in kurzen, witzigen Videos sein schönes Kampen.*

Man nehme urgemütliches Schweizer Skihüttenflair, eine große Portion friesische Gastfreundschaft und eine bodenständige, ehrliche Küche – was dabei herauskommt, ist das Manne Pahl. Seit mehr als 30 Jahren sind genau das die Zutaten, die das Café-Restaurant von Pius Regli zu einer Kampener Institution werden ließen. Der gebürtige Schweizer strahlt so viel Lebensfreude aus und hat einen solch herrlichen Humor, dass er für mich den perfekten

Gastgeber verkörpert. Den Laden schmeißt er zusammen mit seiner charmanten Tochter Sarah. Ich komme natürlich nie drum herum, mir das legendäre Wiener Schnitzel mit Bratkartoffeln und Gurkensalat zu gönnen. Die hausgebackenen Kuchen und Torten sind ebenso eine Sünde wert. Auf dem Foto siehst du neben dem Vater-Tochter-Duo die zwei Haushunde Pebbles und Mr. T. Also, auch dein Vierbeiner ist hier herzlich willkommen.

Restaurant & Café
Manne Pahl
Zur Uwe Düne 2
25999 Kampen

Kontakt
www.manne-pahl.de
info@manne-pahl.de
(04651) 425 10

Restaurant Vogelkoje

Begib dich auf einen kulinarischen und zugleich kulturellen Spaziergang

Gastgeber | Gerhard Diehm

Mein Tipp: *Das 400 Sorten umfassende Weinangebot bietet für jeden Geschmack den passenden Tropfen.*

Das Restaurant befindet sich in einem wunderschönen Reetdachhaus, ist umgeben von hohen alten Bäumen und liegt ganz nah am Wattenmeer. Den Namen verdankt es dem Naturschutzgebiet Vogelkoje Kampen. Auf dem 1767 errichteten Areal befand sich früher einmal eine Entenfanganlage, auf deren historische Spuren du dich heute noch begeben kannst (Seite 52). Das Traditionshaus mit der weitläufigen Terrasse ist im gemütlichen

Landhausstil eingerichtet. Ab 10 Uhr wartet eine vielseitige Frühstückskarte auf dich, nachmittags gibt es Kaffee und Kuchen. Die Abendkarte ist der Höhepunkt für alle Genießer. Die halbe Vogelkojenente mit Kirschrotkohl, Kartoffelkloß und Preiselbeer-Birne ist hier die Spezialität. Koch und Gastgeber Gerhard verwöhnt seine Gäste natürlich auch mit weiteren Köstlichkeiten wie Kabeljaufilet, Deichlamm oder Filet vom Wagyu-Rind.

Restaurant Vogelkoje
Lister Straße 100
25999 Kampen

Kontakt
www.vogelkoje.de
info@vogelkoje.de
(04651) 952 50

Lieblingsmomente

1.

2.

3.

4.

5.

6.

1. Schnupper an einer Sylter Heckenrose. 2. Folg den endlos langen Stegen durch die Dünenlandschaft. 3. + 4. Knips ein Foto am Polaroid-Rahmen am Strandabschnitt Sturmhaube und an einem der über 20 Selfie-Points. 5. Probier die Sylter Muscheln in Cape-Malay-Curry im Odin Deli. 6. Tausch ein Buch in der Buch-Box auf dem Weg zum Strand.

7. Leg einen Zwischenstopp im Restaurant Kaamp Meren ein. 8. Sicher dir einen Platz auf der Terrasse des Gogärtchens und beobachte das Treiben auf dem Strönwai. 9. Nimm Platz auf der Fabelwesen-Bank. 10. Spiel eine Runde auf dem Boule-Platz im Avenarius-Park. 11. Lauf dem Langen Christian entgegen. 12. Wink dem Buddha vor dem Restaurant Rauchfang zu.

ZIMMER
MANUFAKTURSCHMUCK
SEIT 1925

»Dieser Moment, wenn …
… du endlich am Strand ankommst und die klare Nordseeluft inhalierst«

Westerland

Facettenreicher Ort am Meer

Die Architektur des Insel-Hauptortes ist eigensinnig, eckig und kantig. Wenn du jedoch genauer hinsiehst, wirst du den Zauber hinter den Fassaden erkennen

Ein Erlebnis: die Fahrt über den Hindenburgdamm.

Kopf aus, Herz an

Der Autozug rauscht vorbei an einsamen Höfen, unzähligen Schafen, Feldern und Windrädern. Die Schienen führen uns zwischen Wolken, Watt und Wasser auf dem Hindenburgdamm zum Ziel. Ich öffne das Autofenster, um die frische Luft zu atmen. Am Horizont kann ich die Insellandschaft bereits erahnen. Dies ist der magische Moment, in dem sich ein unbeschreibliches Glücksgefühl in mir ausbreitet. Der Moment, in dem ich meinen Kopf ausschalte und mein Herz zwei Takte schneller schlägt. Denn in wenigen Minuten erreichen wir den Bahnhof in Westerland. Doch zuvor küsst der Zug die Insel in Morsum, durchstreift sie in Keitum und Tinnum, bis er schließlich langsam in Westerland zum Stehen kommt.

Am Hauptbahnhof begrüßen dich die „Reisenden Riesen im Wind". Sie wurden vom Kieler Künstler Martin Wolke kreiert.

Perfekt unperfekte Kulisse

In Westerland angekommen, mag der eine oder andere enttäuscht sein. Vom Friesencharme ist nichts zu sehen, dafür schieben sich kastige Appartementblocks im 60er-Jahre-Stil ins Bild. Einst dem Bauboom geschuldet, prägen die Bausünden leider die Optik des Inselhauptortes. Westerland ist dennoch ein super Ausgangspunkt für Ausflüge, denn von hier aus kommst du überall hin. Vom Hauptbahnhof führt der Weg in die trubeligen Einkaufsstraßen. In der Friedrichstraße und der Strandstraße reihen sich Designerboutiquen, Modeketten, Buch- und Teeläden, Restaurants und Cafés aneinander. Das Publikum ist von jung bis alt bunt gemischt. Beide Fußgängerzonen führen direkt zur Strandpromenade. Halte unbedingt deine Kurkarte oder etwas Kleingeld für die Kurtaxe bereit, denn sonst kommst du nicht an den Strand.

In der Friedrichstraße gibt es jede Menge Geschäfte zum Bummeln wie zum Beispiel das Haus der Geschenke Wegst.

Die Skulptur einer um Hilfe rufenden Frau mit einem Seehund und einer Möwe an der Promenade berührt mich. Ihre Botschaft lautet: „S.O.S. – Save Our Seas." Die Bronzefigur vom Bildhauer Serge Mangin wurde 1990 in Westerland aufgestellt und ruft eindringlich zu einem bewussteren Umgang mit der Umwelt auf.

Schlange stehen mit Musik im Ohr

Sobald ich den Strandzugang am Ende der Friedrichstraße erreicht habe, gibt es an der Promenade zwischen all den Imbissen und Cafés für mich nur ein Ziel: die Crêperie am Meer. Vor dem Fenster des charmant dekorierten Häuschens mit Surfer-Flair befindet sich fast immer eine lange Schlange von crêpehungrigen Menschen. Aber das Anstehen für meine Lieblings-Süßspeise und den fantastischen Cappuccino lohnt sich! Damit mache ich es mir am liebsten im Strandkorb gemütlich und lausche den Klängen, die aus der Musikmuschel strömen. Auf der Open-Air-Bühne wird zwischen Mai und Oktober bis zu zweimal täglich gesungen, gespielt und musiziert. Der Eintritt ist kostenlos. Die Promenade wird darüber hinaus mehrmals im Jahr zur Kulisse von Veranstaltungen wie dem Syltlauf im März, dem Harley-Treffen im Mai, dem Sylter Winzerfest im Juli, dem traditionellen Weihnachtsbaden am zweiten Weihnachtstag oder der großen Silvesterparty.

In der Sommersaison wimmelt es vor der Musikmuschel nur so von Menschen – manchmal wird sogar getanzt.

Ein Vermögen zu erwirtschaften ist eine Leistung. Es zu wahren bleibt eine Aufgabe.
2004: Einstieg ins Familienunternehmen
2008: Neue Geschäftsfelder erschlossen
2009: Ihre Entscheidungen sind umstritten
2011: Ihre Entscheidungen waren goldrichtig
2014: Berufung ins Topmanagement
2020: Privatier oder Internationalisierung?
Sie haben in Ihrer Karriere stets Weitsicht bewiesen und sind nicht einfach jedem Trend gefolgt. Bleiben Sie sich treu und entscheiden Sie sich für Deutschlands besten Vermögensverwalter. Wir helfen Ihnen, die richtigen Entscheidungen für Ihr Vermögen zu treffen.
Frank Krause, Direktor Private Banking, und Jörg Ludewig, Generalbevollmächtigter, beraten Sie gerne: 040 3579-3232.
Elite Report 2004–2019
Bester Vermögensverwalter
Ausgezeichnet durch das Handelsblatt bzw. DIE WELT
haspa.de/privatebanking
Haspa
Private Banking

Ein Tag am Strand

Der Hauptstrand von Westerland liegt direkt an der 6 Kilometer langen Kurpromenade. Du brauchst nur circa 10 Minuten zu Fuß vom Bahnhof – schon stehst du im feinen Sand. Von hier aus kannst du kilometerweit in beide Richtungen laufen. Entweder gen Norden nach Wenningstedt und Kampen oder gen Süden nach Rantum. Ganz Mutige ziehen schon Anfang April ihre Schuhe aus. Badegäste sollten unbedingt die Anordnungen der Rettungsschwimmer und

Wusstest du …

…dass der Fun Beach am Brandenburger Strand ein breites Sportangebot hat? Mehrmals täglich finden Beachvolleyball- und Beachsoccer-Turniere statt. Ein Verleih stattet dich mit Frisbees, Boccia-Kugeln und allem anderen aus, was Spaß bringt.

Bei der Surfschule Westerland kannst du Kurse im Wind- und Kitesurfen, Wellenreiten und Stand Up Paddling belegen.

die Baderegeln beherzigen (Seite 242). Unzählige Sommertage habe ich hier am Strand verbracht und Hunderte Sonnenuntergänge genossen. Mal im Strandkorb, mal mit einem Gläschen Wein auf den Terrassen von coolen Locations wie dem Beach-House-Sylt (Seite 92). Selbst im Winter bei eisiger Kälte gehört für mich ein kurzer Spaziergang an der wohltuenden Nordseeluft einfach dazu. Bei Schietwetter, das auf Sylt nicht selten ist, sind das Schwimmbad Sylter Welle mit riesiger Saunawelt und das angrenzende Syltness Center tolle Adressen. In Letzterem werden zahlreiche Wellnesspakete angeboten. Infos unter www.syltnesscenter.de.

Im Südwäldchen habe ich als Kind zu gern Eichhörnchen mit Nüssen aus der Hand gefüttert.

Die Stille des Waldes

Auf Sylt rauschen nicht nur die Wellen, sondern auch die Blätter idyllischer Wäldchen. Zwei Ruheoasen sind in Westerland verwurzelt. Das Nordwäldchen befindet sich in der Nähe der Nordseeklinik. Überquerst du die Norderstraße, gelangst du zu einer großen Hundeauslauffläche. Folgst du der Norderstraße südlich, kommst du zum Friedrichshain. Dort kannst du im Café Waldidyll im Schatten der Bäume eine Kaffeepause einlegen. Das Südwäldchen erreichst du, wenn du vorbei am Sylt Aquarium in den Fischerweg abbiegst. Die Lütten freuen sich ganz bestimmt über den tollen Kinderspielplatz, auf dem ein langer Holzzug das Highlight ist. Die Route zwischen beiden Wäldchen eignet sich zudem perfekt zum Joggen.

Mein Tipp:

Auf Regen folgt Sonnenschein, also lass dir von Schietwettertagen nicht die Laune vermiesen. Echte Nordlichter gehen natürlich auch bei Regen an den Strand.

Interview

Wo ein Wille, da eine Welle

Man sagt: Wer auf Sylt surfen lernt, kann überall surfen. Ob das stimmt und welche Bedingungen Sylt bietet, habe ich auf einen Schnack mit Surflehrer Benje Glindmeier in Erfahrung gebracht

Sylt Fräulein: Was ist das Besondere am Surfen auf Sylt?

Benje: Sylt ist der einzige Spot in Deutschland, an dem man regelmäßig surfen kann. Für Anfänger ist es hier super, du hast weichen Strand statt Riff und die Welle wird nie besonders hoch.

Gibt es denn immer surfbare Wellen?

Theoretisch ja. Sylt bekommt so gut wie keine Druckwellen. Manchmal, wenn der West- zu Ostwind wechselt, wird die Welle hochgedrückt und wunderschön geformt. Ansonsten gibt es nur Wellen bei Wind, was auf Sylt fast immer der Fall ist. Im Sommer kann es mal passieren, dass es aufgrund von Windstille flach ist. Im Winter hast du mehr Welle, aber da ist das Wasser mit 4 Grad sehr kalt.

Surfschulen für Anfänger und Profis

Westerland: Sunset Beach, www.sunsetbeach.de

Hörnum: Südkap Surfing, www.suedkap-surfing.de

Munkmarsch: Syltsurfing, www.syltsurfing.de

List: Jans Wassersportschule, www.wassersport-sylt.de

Benje Glindmeier ist Surflehrer bei der Surfschule Sunset Beach am Brandenburger Strand.

Welche Gefahren lauern hier?

Die Nordsee kann tückisch sein. Als Surfer muss man sich immer fragen: „Traue ich mir zu, die Welle zu surfen?" Wenn man Bedenken hat, sollte man es lieber sein lassen.

Und wo sind die besten Surf-Spots?

An der Westküste, von Hörnum bis nach List, kann man fast überall surfen. In Westerland oder Wenningstedt herrschen für Anfänger die besten Bedingungen, weil hier Rettungsschwimmer und Surfschulen sind: Man achtet aufeinander. Mein Lieblingsspot ist der Brandenburger Strand. Hier ist immer was los, hier fühle ich mich zu Hause.

Die legendären Surf-Cups

Von Mai bis Oktober finden in Westerland nationale und internationale Surf-Cups von Wind- über Kitesurfen bis hin zu Katamaransegeln oder Stand Up Paddling statt. Alle, die nicht mitmachen, können bei dem Spektakel mit viel Rahmenprogramm zusehen.

Kurs auf Sylt

Mit dem Bus die Insel entdecken

Du bist zum ersten Mal auf Sylt? Dann lege ich dir eine Inselrundfahrt ans Herz. Mit den blauen Reisebussen der Sylter Verkehrsgesellschaft SVG lernst du die Insel bei der kleinen oder großen Inselrundfahrt richtig gut kennen. Die ortskundigen Busfahrer erzählen dir spannende Geschichten über das Eiland. Lustige Anekdoten und echte Geheimtipps dürfen nicht fehlen. Obwohl ich dachte, alles über Sylt zu wissen, habe auch ich bei einer Rundfahrt noch viele interessante Details erfahren. Alle Infos zu den Abfahrtszeiten, der Route und den Preisen findest du auf www.svg-busreisen.de.

START

1. Die dreistündige große Inselrundfahrt startet am ZOB in Westerland.

Vom Bus aufs Schiff

Im Sommer kannst du vom Bus an Bord eines Ausflugsschiffes der Reederei Adler-Schiffe wechseln (Seite 24).

Linienbusse

Du erreichst jeden Ort mit dem Linienbus der SVG. So kannst du die Insel flexibel und umweltfreundlich erkunden.

2. Die Rundfahrt führt zunächst gen Norden über Wenningstedt, Kampen mit dem schwarz-weißen Leuchtturm und das Wanderdünengebiet bis zum Königshafen in List.

3. Am Lister Hafen wird eine 30-minütige Pause eingelegt. Zeit für einen Bummel oder ein Fischbrötchen.

4. Weiter geht es über Braderup, Munkmarsch, Keitum und Tinnum in den idyllischen Inselsüden nach Rantum und Hörnum.

5. Am Hörnumer Hafen hast du Zeit für einen kurzen Entdeckungsspaziergang, bevor es wieder zurück nach Westerland geht.

ZIEL

Kombitickets

Die SVG bietet Kombitickets für die Anreise und den Eintritt in die schönsten Ausflugsziele und für tolle Aktivitäten an.

Oldie-Touren

Gruppen können sich einen Oldtimer-Bus für ihre eigene Charter-Rundfahrt mieten. Infos unter (04651) 83 61 00.

Restaurant
Alte Friesenstube

Lausche beim Speisen den Geschichten des ältesten Friesenhauses der Insel

Inhaber | Nicolaus Schacht

Mein Tipp: *Nimm im Sommer unbedingt zwischen den üppig blühenden Rosen im herrlichen Garten vor dem Haus Platz.*

Dieses urige Restaurant befindet sich im ältesten Sylter Friesenhaus und versprüht einen ganz außergewöhnlichen Charme. Das ist in erster Linie Besitzerfamilie Schacht zu verdanken, die das ehemalige Kapitänshaus aus dem Jahr 1648 liebevoll und stilgetreu restaurierte. Die authentische Gestaltung der heimeligen Räume, die friesischen Fliesen und die alten Holzbalken lassen mich jedes Mal in eine andere Welt eintauchen und immer wieder ins

Schwärmen geraten. Wo sonst geht man während des Essens auf eine Reise in die Vergangenheit? Die Liebe von Küchenchef Carsten Banse für innovative Regionalküche auf höchstem Niveau spiegelt sich auf der in Sylter Platt verfassten Karte wider. Er legt großen Wert auf frische und beste Zutaten. Das Lammkarree mit Gemüse auf dem Foto ist ein Gedicht. Genauso wie die „Roulade vuun Rind" oder die „Schull freesch vun Lister Kutter".

Restaurant
Alte Friesenstube
Gaadt 4
25980 Westerland

Kontakt
www.altefriesenstube.de
altefriesenstube@t-online.de
(04651) 12 28

Beach House-Sylt

Genieße am Logenplatz direkt am Meer mit Blick über den Sandstrand

Gastgeber | Jan Scharfe

Mein Tipp: *Jeden Abend wird der Sonnenuntergang mit Musik von James Last zelebriert – ein kleines Spektakel mit Gänsehautfeeling.*

Das Komplettpaket aus relaxtem Ambiente, traumhafter Lage hoch auf der Westerländer Düne und richtig gutem Essen ist es, was mir am Restaurant BeachHouse-Sylt so gefällt. In der Küche lautet das Motto: „Nordisch by Nature" mit mediterranen sowie asiatischen Einflüssen. Gastgeber Jan Scharfe und seine Crew verwöhnen ihre Gäste mit fangfrischem Fisch, perfekt gebratenem Black Angus Rib Eye, Thunfisch-Steak oder Gamba-Bowl.

Schnitzel und Currywurst finden sich ebenso auf der Karte wie eine kleines, aber feines Angebot an veganen und vegetarischen Gerichten. Ausgewählte Positionen aus der umfassenden Weinkarte dürfen ebenfalls nicht fehlen. Sollte das Wetter mal nicht so mitspielen, mach es dir einfach in den Räumlichkeiten gemütlich. Übrigens: Aktuelle Eindrücke und tolle Verlosungsaktionen entdeckst du auf der Facebook- und Instagram-Seite des BeachHouse-Sylt.

BeachHouse-Sylt
Käpt'n-Christiansen-Straße 41a
25980 Westerland

Kontakt
www.beachhouse-sylt.de
info@beachhouse-sylt.de
(04651) 288 78

Bett & Bude

Boardinghouse

Wohne unkompliziert und dennoch stylish in zentraler Lage

Mein Tipp: *Buche dir ein Frühstück oder einen Spa-Tag in den Schwesterhotels Aarnhoog (Seite 156) oder Fährhaus Sylt (Seite 140) einfach dazu.*

Die schicken Apartments des Bett & Bude Boardinghouse befinden sich in einem Neubau gegenüber dem Bahnhof Westerland. Aufgrund der zentralen Lage gelangst du in wenigen Gehminuten in die Einkaufsstraße und zur Strandpromenade. Das Besondere: Du checkst an einem Automaten ganz einfach selbst ein. Ein Snack- und Getränkeautomat stillt erst mal den kleinen Hunger oder Durst bei der Ankunft. Die geräumigen Ferien-

wohnungen könnten einem skandinavischen Wohnkatalog entsprungen sein: Die Buden sind nicht so überladen eingerichtet, sondern clean und geradlinig mit ausgewählten Möbelstücken. Da würde ich sofort einziehen. Bis zu vier Personen finden Platz. Kostenfreies WLAN und ein Schreibtisch ermöglichen dir bequemes Arbeiten. Für mich als Redakteurin Gold wert! Zudem kannst du das Boardinghouse sogar als Longstay-Apartment nutzen.

Bett & Bude Boardinghouse	**Kontakt**
Kirchenweg 6	www.bettundbude.de
25980 Westerland	info@bettundbude.de
	(04651) 957 73 13

Restaurant Franz Ganser

Lass dich vom Spitzenkoch und seinem herzlichen Team verwöhnen

Gastgeber | Franz Ganser

Mein Tipp: *Mittwochs bis sonntags wird zwischen 12 und 14 Uhr ein kleine, aber feine Mittagskarte angeboten.*

In einer Seitenstraße in der Westerländer Innenstadt wartet ein Genusserlebnis für alle Sinne auf dich. Denn in seinem Restaurant zaubert Gourmetkoch Franz Ganser mit viel Herz und Leidenschaft kulinarische Köstlichkeiten. Im Juni 2019 feiert er sogar sein 40-jähriges Bestehen. Echte Klassiker kombiniert der Wahl-Sylter mit schwäbischen Wurzeln sowohl mit Akzenten aus seiner Heimatküche als auch mit mediterranen Einflüssen. Ich habe mir

sagen lassen, dass man seine zarten Kalbsnierchen oder die Ochsenbäckchen unbedingt probiert haben sollte. Ich persönlich bevorzuge die leichten Fischgerichte wie die Medaillons vom Seeteufel auf dem Bild links. Das einladende, familiäre Ambiente, das umfangreiche Wein-Sortiment und der herzliche Service haben mich ebenso auf ganzer Linie überzeugt. Mein krönender Abschluss ist das warme Schoko-Törtchen mit Mango-Butter und Joghurteis.

Restaurant
Franz Ganser
Bötticherstraße 2
25980 Westerland

Kontakt
www.ganser-sylt.de
franz@ganser-sylt.de
(04651) 229 70

Hotel Miramar

Tauch ein in die Geschichte
des Schmuckkästchens am Meer

Gastgeber | Familie Kreis

Mein Tipp: *Lass den Abend bei einem leckeren Drink in der gemütlichen Bar im Stil der 20er-Jahre ausklingen.*

Als kleines Mädchen träumte ich davon, einmal Gast im Hotel Miramar zu sein. Das imposante Haus an der Strandpromenade mit den großen Fensterfronten zog mich magisch in seinen Bann. Mein Kindheitstraum wurde 2019 tatsächlich wahr. Ich verbrachte zwei Tage in einer wunderschönen Suite mit Meerblick und Meeresrauschen. Im Spa ließ ich bei einer Spezialanwendung von Wellness-Experte Michael Lee die Seele baumeln.

Zudem durfte ich im Restaurant ein 3-Gänge-Menü von Küchenchef Richard Kahl und ein phänomenales Frühstück genießen. Seit über 100 Jahren liegt das Traditionshotel in den Händen von Familie Kreis – nun schon in vierter Generation. Zusammen mit der schicken Einrichtung im Jugendstil und dem aufmerksamen Service verleiht diese lange Familiengeschichte dem Hotel Miramar für mich ein ganz außergewöhnliches wie auch einzigartiges Flair.

Hotel Miramar	**Kontakt**
Friedrichstraße 43	www.hotel-miramar.de
25980 Westerland	info@hotel-miramar.de
	(04651) 85 50

Shirobar

Begib dich auf eine köstliche
Reise von Sylt nach Japan

Gastgeber | Andrea & Thomas Fechner

Mein Tipp: *Veganer können sich über eine abwechslungsreiche Sushi-Auswahl ganz ohne Fleisch und Fisch freuen.*

Als Sushi-Liebhaberin habe ich in der Shirobar von Andrea und Thomas mein Glück gefunden. Sobald du die Sushi-Bar betrittst, gehst du auf eine Japanreise. Das liegt zum einen an der puristischen Innengestaltung: Klare Linien treffen auf edles Weiß und knalliges Pink. An den Decken baumeln japanische Schirme und weiße Birkenstämme scheinen aus dem Boden zu wachsen. Zum anderen liegt es natürlich am Sushi! Von Maki über Nigiri bis hin zu

Special Rolls wie die Beach Roll mit Tempura-Unagi, Frühlingszwiebel, Avocado, Tuna on Top und creamy Tobiko – alles wird vor deinen Augen frisch und mit viel Hingabe von Sushi-Chef Thomas zubereitet. Sein Handwerk perfektionierte er bei einem japanischen Sushi-Meister in Los Angeles. Auf Sylt kombiniert er klassisches Sushi mit westlicher Küche. Jede Rolle ist eine Geschmacksexplosion für sich – also unbedingt durch die Karte probieren!

Shirobar
Keitumer Chaussee 5a
25980 Westerland

Kontakt
www.shirobar.de
info@shirobar.de
(04651) 967 94 49

Lieblingsmomente

1.

2.

3

4.

5.

1. Bestell dir einen Burger beim Imbiss Beach Box und nimm ihn mit an den Strand. 2. Schau der dicken „Wilhelmine“ beim Baden zu. 3. Betrachte die 120 Meter lange Graffiti-Wand zwischen dem Sylt Aquarium und der Beach Box. 4. Erkunde die Villa Kunterbunt mit ihrem Abenteuerspielplatz direkt am Meer. 5. Lass den Abend im Cocktailcafé Barbushka ausklingen.

6. Leih dir ein E-Bike im coolen Konzeptstore der EBIKE Sturmflutte. 7. Trink einen leckeren Cappuccino bei der Crêperie am Meer. 8 Stöbere im niedlichen Kinderladen michel & ida.
9. Gönn dir ein üppiges Stück Sahnetorte im Café Mateika.
10. Leg im Sommer einen Zwischenstopp im Strandbistro S-Point Sylt ein und schlemme mit den Füßen im Sand.

Lieblingsmomente

11. Besuch die beiden Riesenschildkröten, die vor dem Sylt Aquarium wachen. 12. Tauch ein ins Blütenmeer bei Blumen Hansen, dem zauberhaften Blumenladen. 13. Stöbere nach Postkarten und neuem Lesestoff im Buchhaus Voss. 14. Genieß den Ausblick von Westerlands Himmelsleiter. 15. Besuch ab Mitte Dezember den weihnachtlichen Wintermarkt in der Ortsmitte.

Interview

Ab aufs Rad

Das gut ausgebaute Netz an Radwegen lädt zu kilometerlangen Fahrradtouren auf der Insel ein. Zwei Experten auf dem Gebiet sind Susanne Steinert und Uli Leber, Inhaber der EBIKE Sturmflotte in Westerland

Sylt Fräulein: Warum sollte man Sylt unbedingt mit dem Fahrrad erkunden?

Susanne: Weil man viele Dinge sieht, die man mit dem Auto oder dem Bus niemals sehen würde. Man kann die Insel noch mal komplett neu und anders entdecken.

Und warum am besten mit einem E-Bike?

Uli: Weil der Wind eine ganz große Rolle spielt. Der ist auf Sylt immer da. Wenn du Pech hast, dreht er zweimal und du hast permanent Gegenwind. Mit einem E-Bike ist das kein Problem und deine Reichweite erhöht sich. Während du mit einem normalen Fahrrad eine 10-Kilometer-Tour schaffst, ist es mit dem E-Bike gern mal eine Tagestour von 40 bis 60 Kilometern – und das ganz entspannt.

Wo führt eure Lieblingstour entlang?

Susanne: Unsere Lieblingsstrecke ist die von Westerland nach List. Ab Kampen fährst du nur noch durch die Dünenlandschaft. Du guckst rechts oder links und siehst das Meer. Den Ellenbogen lieben wir auch. Wenn die Heide blüht – ein Traum. Gegen

Susanne und Uli statten dich mit hochwertigen E-Bikes aus, geben dir tolle Inseltipps und bieten sogar geführte Touren an.

Abend ist dort das schönste Licht. Die Strecke nach Morsum ist ebenfalls toll, weil man entlang des Watts radelt. Es ist viel weniger los und überall sind Schäfchen. Ein Picknickplatz an der Morsumer Badestelle eignet sich perfekt für eine Pause (Seite 208). Zurück geht es dann durch die Keitumer Wiesen.

Gibt es Regeln, an die ich mich als Radfahrer halten muss?

Uli: Ganz klar: Man darf sein Rad nicht mit an den Strand nehmen! Das ist verboten. Nur die Wege, die für Fahrradfahrer ausgewiesen sind, dürfen befahren werden. Also nicht einfach durch die Dünen radeln.

Und was kostet das?

Der Mietpreis pro Tag liegt bei 39 Euro. Je länger man das E-Bike leiht, desto günstiger wird es. In der Hochsaison vorher reservieren.

Kontakt

EBIKE Sturmflotte
Stephanstraße 8
25980 Westerland
www.ebikesturmflotte.com
ebike@ebikesturmflotte.com

Meine liebste Fahrradtour

Die insgesamt 35 Kilometer lange Fahrradstrecke von Westerland nach List und zurück finde ich am schönsten

1. Starte deine Tour am Bahnhof in Westerland und begebe dich zum Fuß- und Radweg, der parallel zur Strandpromenade nach Wenningstedt führt.

Highlights

Der Dorfteich und die Friesenkapelle in Wenningstedt (Seite 116)

2. Radle durch den Ort und biege am Denghoog-Grab auf den Radweg nach Kampen ab.

„Im Sommer zur Abkühlung einfach in die Nordsee springen!"

3. Auf der Trasse der alten Sylter Inselbahn geht es durch das Listland bis zum Lister Hafen. Perfekt für eine Pause: die Sylter Eismanufaktur (Seite 38).

Highlight

Die Uwe-Düne bei Kampen (Seite 52)

BLANCPAIN

»Dieser Moment, wenn …
… die Sonne den Horizont berührt
und eins mit der Nordsee wird«

Wenningstedt-Braderup

Von der Westküste zur Ostküste

Wenningstedt und Braderup sind zwei Orte in einer Gemeinde, die Abwechslung für Groß und Klein bietet. Ich mag die Mischung aus buntem Treiben und malerischer Natur

Zahlreiche Strandkörbe stehen mit Meerblick in erster Reihe.

Mein Hotspot im Sommer

Im Sommer zieht es mich gern an die Promenade von Wenningstedt. Zahlreiche Strandkörbe und Sitzbänke laden zum Verweilen ein. Dort sind mit GOSCH, dem Restaurant und Eiscafé iismeer (Seite 124) sowie dem Beach Diner Twisters gleich mehrere Schlemmeradressen verankert. Hinzu kommt die Eventlocation Kursaal[3], wo das ganze Jahr über Konzerte, Kongresse, Lesungen und Shows stattfinden. Außerdem lädt in der Hauptsaison die Sylt-4Fun-Arena mit Trampolinen, einer Rollerbahn und einem Fußballfeld Kinder zu Spiel und Spaß an der frischen Luft ein. Über die moderne, 10 Meter breite Treppe gelangst du an den breiten Sandstrand.

Mein Tipp:

Du kannst nicht nur über die Treppe an den Strand gehen, sondern auch rutschen – über eine Tunnelrutsche.

Ein Lift an der Treppe ermöglicht Menschen mit Rollstuhl oder Kinderwagen, einfacher an den Strand zu gelangen.

Am Dorfteich finden sich oft Verliebte ein, die sich hier das Jawort geben.

Die ruhige Seite Wenningstedts

Den idyllischen Dorfteich im Dorfkern Wenningstedts habe ich während meiner Fahrradtour von Westerland nach List (Seite 108) gefunden. Eine durch und durch romantische Kulisse. An einer kleinen Brücke kannst du ein Liebesschloss aufhängen. Am Teich liegt zudem die Friesenkapelle. Die Kirche mit friesischem Charme solltest du dir unbedingt von innen ansehen. Das „Vaterunser" auf Friesisch über der Kanzel ist der Hingucker. Im Sommer finden hier legendäre Konzerte statt. Infos zum Programm gibt es unter www.friesenkapelle.de. Nur ein Stück weiter geht es zum Denghoog, einem wichtigen Kulturgut der Insel. Die Grabkammer wurde vor über 5.000 Jahren errichtet und ist heute noch begehbar. Infos zu den Öffnungszeiten findest du auf www.soelring-foriining.de.

Wusstest du ...

...dass jede Menge sportliche Aktivitäten in der Norddörfer Halle Action für Groß und Klein bieten? Ein tolles Ausflugsziel bei Schietwetter!

ede Flasche ein Blunikat!
Mit 24% natürlichem Irrsinn!
Bluna®
ORANGE
Sind wir nicht alle
ein bisschen Bluna?

Ein Traum in Lila

Zwischen Kampen und Braderup erstreckt sich die Braderuper Heide. Ein 137 Hektar großes Naturschutzgebiet, das mich aufgrund der Farbenpracht magisch in seinen Bann zieht. Hier regieren Heideblüten in zartem Lila und kräftigem Violett. Vom Parkplatz „Braderuper Heide" führt dich der Weg vorbei an süßen Reetdachhäusern über hölzerne Stege und knarrende Treppen bis hin zum Wattenmeer. Der Blick über die hügelige Landschaft ist einmalig schön. Sogar der Kampener Leuchtturm lächelt dir aus der Ferne entgegen. Wie gern würde ich dir den unvergleichlichen Duft

Wusstest du ...

...dass an dieser Stelle das Watt bei Ebbe den Blick auf ein Schiffswrack freigibt? Die Reste des schwedischen Dreimasters „Mariann" sind sogar begehbar. Für kleine Entdecker besonders spannend (Seite 195).

Bei Ebbe wirst du unendlich viele Muscheln und Austernschalen sammeln können.

der Heide, der dort in der Luft liegt, durch diese Buchseite schicken. Wenn du mit deinem Lieblingsmenschen ungestört sein möchtest, zum Beispiel bei einem gemeinsamen Picknick, dann bist du am Strandabschnitt goldrichtig. Aber auch ein Spaziergang bis nach Kampen lohnt sich. Für eine Pause empfehle ich dir das Café Kupferkanne (Seite 56). Der Fußmarsch dorthin nimmt in etwa 45 Minuten in Anspruch. Läufst du in die andere Richtung nach Munkmarsch, kommst du an der Steilküste, dem sogenannten Weißen Kliff, vorbei. Von dort aus genießt du einen fantastischen Blick über die Keitumer Bucht sowie bis nach List und manchmal sogar bis nach Dänemark.

Heidschnucken zwischen Braderup und Kampen tragen durch das Abknabbern von Pflanzentrieben zur Heidepflege bei.

„Natur darf nicht nur Kulisse sein"

So lautet der Leitspruch des Naturschutzgemeinschaft Sylt e. V. Das dazugehörige Naturzentrum befindet sich am südlichen Ortseingang von Braderup. Interessante Ausstellungen zeigen Einblicke in die Besonderheiten der Naturschutzgebiete Braderuper-Heide und Morsum-Kliff und in den Nationalpark Schleswig-Holsteinisches Wattenmeer. Sie sind anschaulich gestaltet und auch für Kinder geeignet. Der Verein bietet darüber hinaus eine Vielzahl an geführten Touren an wie die Kräutergartenführung mit Teerunde oder die Fahrradtour zu fünf Naturschutzgebieten. Zudem bekommt man hier Denkanstöße zu aktuellen Umweltthemen. So auch in meinem Interview mit der Vereinsvorsitzenden Margit Ludwig auf der übernächsten Seite.

Wusstest du …

…dass es 8 Reithöfe auf Sylt gibt, die Unterricht und Ausritte anbieten? Die Reitschule Volquardsen in Braderup bietet sogar therapeutisches Reiten an. Infos unter (04651) 443 69.

AFRISCHT
DEN
GEIST
afri®
cola
LIMONADE
afri – die Popkultur-Cola

Interview

Einmal ohne Plastik, bitte!

Plastikmüll in den Meeren ist ein Thema, das mich und viele andere bewegt. Mikroplastik landet in der Grundwasserversorgung und sogar in unserem Körper. Die Naturschutzgemeinschaft Sylt e. V. unternimmt etwas dagegen

Sylt Fräulein: Wofür steht die Naturschutzgemeinschaft Sylt e. V.?

» **Margit Ludwig:** Wir konzentrieren uns auf Umweltarbeit allgemein und setzen uns speziell für die Umweltbildung ein. Wir mischen uns ein und entwickeln Lösungen für konkrete Probleme. Aktuell arbeite ich mit sechs FÖJlern und Bfdlern im Naturzentrum Braderup. Ohne die Freiwilligen wäre all das nicht möglich, sie tragen das Zentrum.

Wie kann ich mir eure Arbeit vorstellen?

Jeder beteiligt sich an verschiedenen Projekten. Heiß diskutiert ist aktuell immer wieder das Thema Plastik: Wie vermeide ich Plastik, was kann ich tun und welche Möglichkeiten habe ich? Wir setzen uns mit verschiedenen Vertretern zusammen, zum Beispiel aus der Gastronomie, und beraten, wie Plastik dort vermieden werden kann.

Und was kann ich als Einzelperson tun?

Es werden dreimal jährlich Beach-Clean-ups veranstaltet, bei denen alle eingeladen sind teilzunehmen. Im Januar am Ellenbogen, im März mit dem Partner Surf Club Sylt e. V. entlang der Westküste und im September beim internationalen „Coastal

Margit Ludwig ist Geschäftsführerin der Naturschutzgemeinschaft Sylt e. V. Infos unter www.naturschutz-sylt.de.

Cleanup Day". Außerdem gibt es auf Sylt das Refill-System, bei dem schon viele mitmachen. Jeder kann seine Trinkflasche kostenfrei mit frischem Trinkwasser bei uns auffüllen. Wenn man Müll am Strand oder in der Natur sieht, einfach aufsammeln und entsorgen. Außerdem eigene Beutel beim Einkauf nutzen. Kleine Dinge können viel bewegen!

Das Recup-System …

… ist ein Pfandsystem, bei dem man einen Coffee-to-go im Mehrwegbecher bestellt und diesen bei teilnehmenden Partnern wieder abgeben kann.. Wer mitmacht, erfährst du auf www.recup.de.

Plastik Crew

Sylter Schüler haben mit ihrem Lehrer eine Initiative gegen Plastik gestartet. Sie organisieren Aufräumaktionen und lassen aus Müll Neues entstehen. Infos unter www.plastikcrewsylt.weebly.com.

Restaurant iismeer

Grill deinen eigenen Spieß am Feuertisch und gönn dir zum Abschluss eine Kugel Bio-Eis

Gastgeber | Alexander Süß

Mein Tipp: *Am Strand von Kampen am Roten Kliff (Seite 54) steht im Sommer der kultige Eiswagen von iismeer.*

Liebst du es auch, in geselliger Runde zu grillen? Dann wird es dir im iismeer an der Promenade sicherlich genauso gut gefallen wie mir. Das friesische Wort „iis" bedeutet „Eis". Im Wintergarten mit Meerblick stehen große Feuertische, an denen du gefülltes Stockbrot, und Fleisch-, Gemüse- oder Tofuspieße selbst über der Flamme brutzelst. Dazu werden leckere Dips, diverse Salate und Ofenkartoffeln gereicht. Mein Lieblingsdrink ist

der Aperol-Maracuja-Spritz. Auf der Karte stehen zudem köstliche Tapasvariationen und weitere Kleinigkeiten, die im gemütlichen Bistro serviert werden. Dort lacht dich auch die Eistheke verführerisch an. Die kunterbunten Eissorten stammen aus einer Bio-Eismanufaktur und enthalten nur natürliche Zutaten. Es wird sogar Eis für Hunde angeboten. Ein weiteres Highlight: das hier regelmäßig stattfindende „Chill & Grill" mit Livemusik.

Restaurant	**Kontakt**
iismeer	www.iismeer.com
Strandstraße 25	info@iismeer.de
25996 Wenningstedt-Braderup	(04651) 957 27 19

Lieblingsmomente

1. Besuch den InselCircus. Kinder können dank der Mitmach-Programme sogar Teil der Show werden. 2. Schau dir die wunderschön verzierten Deckengewölbe der Friesenkapelle an. 3. Folg den Holzstegen zum Roten Kliff. 4. Mach es dir auf der verglasten Terrasse des Beach Diners Twisters gemütlich. 5. Knips ein Foto mit dem Syltfisch vor dem Kurhaus.

6.

7.

8.

9.

10.

6. Beleg einen Kurs bei der Surfschule in Wenningstedt. 7. Erlebe traditionelles Kunsthandwerk in der Lederwerkstatt. 8. Spiel Golf auf dem Platz des Golf-Club Sylts und stärk dich im Restaurant Steffen's. 9. Entdeck die Braderuper Straßenkunst. 10. Gib oder nimm etwas Gebrauchtes aus der Give-Box. Um eine kleine Spende für einen guten Zweck wird gebeten.

Interview

Sylt *mit Hund*

Die weiten Strände und die herrlichen Spazierwege Sylts sind ein Paradies für Hunde. An welche Regeln sich die Vierbeiner halten müssen und welche Orte besonders hundefreundlich sind, verrät uns eine echte Sylter Schnauze

Sylt Fräulein: Findest du, dass Sylt hundefreundlich ist?

Sam: Definitiv! Es gibt hier sehr viele Hundestrände, an denen ich toben und rennen kann. Tolle Tierärzte stehen mit Rat und Tat zur Seite, wenn mal etwas kneift. Im Restaurant iismeer (Seite 124) in Wenningstedt gibt es sogar Hunde-Eis mit Rindfleisch und Karotte – das schmeckt so lecker!

Welcher Strandabschnitt gefällt dir am besten?

Die Hundestrände Baakdeel und Tadjem Deel in Rantum mag ich besonders gern. Im Sommer ziehe

Die Golden-Retriever-Hündin Sam lebt mit Frauchen Johanna und Herrchen Henning auf der Insel.

ich allerdings die Strände an der Wattseite vor. Die sind immer etwas ruhiger und nicht so voll. Frauchen geht dann am liebsten schon morgens um halb sechs mit mir an den Strand, weil wir dort zu dieser Zeit oft allein sind.

Wo ist dein Lieblingsplatz auf der Insel?

Ich liebe den Weststrand am Roten Kliff. Dort ist der Strand sehr breit und ich habe viel Platz. Wenn ich einen etwas ruhigeren Tag haben möchte, gehe ich gern am Ellenbogen oder in der Braderuper Heide spazieren.

Welche Jahreszeit magst du am liebsten?

Der Sommer ist schon toll. Natürlich ist es dann voller auf der Insel und selbst an den Hundesträn-den kann es passieren, dass ich auf hundelose Familien achtgeben muss. Aber es gibt einfach nichts Schöneres, als an einem warmen Tag ins kühle Wasser zu springen – ich liebe es zu schwimmen. Trotzdem bleibt der Winter mit seinen menschenleeren weiten Stränden meine Lieblingsjahreszeit.

Gibt es Regeln, an die du dich als Inselhund halten musst?

In Naturschutzgebieten darf ich nicht leinenlos herumstromern. Es gibt dort viele frei laufende Kaninchen und andere Wildtiere, denen ich zu gern hinterherjagen würde. Es ist in der Vergangenheit leider schon passiert, dass Hunde Schafe gerissen haben. Das darf sich nicht wiederholen, weswegen in Naturschutzgebieten Leinenpflicht herrscht. Grundsätzlich gilt natürlich immer, dass jeder auf andere Rücksicht nehmen soll.

Gut zu wissen:

Es gibt mindestens **13 ausgewiesene Hundestrände** entlang der Westküste. Während der Hauptsaison kannst du dich dort mit deinem Vierbeiner aufhalten. Angeleint darf er mit dir an allen Sylter Stränden den Flutsaum entlangspazieren. Das gilt jedoch nicht für die Strände in Westerland und Rantum. Auf dem Weg dorthin oder zurück dürfen nur die Strandübergänge zu den Hundestränden genutzt werden. In der Nebensaison ist das viel entspannter, denn da stehen dir alle Strände für Spaziergänge zur Verfügung. Die Anleinpflicht gilt dann nur in stark frequentierten Bereichen und auf der gesamten Wattseite. Weitere Infos unter www.sylt.de/sylturlaub-ist/hundefreundlich.

Erfahre mehr über Sam auf dem Instagram-Account @sylter_schnauze.

Sylter Hundstage

Die Hundstage finden im März und November statt und bieten Vorträge, Wettbewerbe und Tipps rund um den Hund. Infos unter www.wenningstedt.de.

Schon gekuttert?

Bei Hundekutter Sylt in Wenningstedt werden E-Bikes mit Transportboxen für Hunde angeboten. Infos findest du unter www.hundekutter-sylt.de.

»Dieser Moment, wenn …

… dir das weite Wattenmeer zu Füßen liegt«

Sylt-Ost

Ein Kleinod mit Geschichte

Die beschauliche Gemeinde Munkmarsch könnte man fast übersehen, dabei hat der Ort mit seinem Hafen und der Nähe zum Wattenmeer eine große geschichtliche Bedeutung

Am Hafen befindet sich das Hotel Fährhaus Sylt.

Einst eine Verbindung in die weite Welt

Früher einmal spielte Munkmarsch eine tragende Rolle. Denn als es den Hindenburgdamm noch nicht gab, legten hier die Dampfschiffe vom deutschen und dänischen Festland an. Die Gäste reisten dann mit der seit 1970 inaktiven Inselbahn weiter in ihren Urlaubsort. Heute legen nur noch Yachten und Segelboote, aber keine Fähren mehr ab. Dennoch erinnert das historische Fährhaus (Seite 140) an diese Zeit. Ich gehe gern am Hafen und in der ruhigen Bucht spazieren, die von idyllischen Friesenhäusern umsäumt ist. Es ist so schön ruhig hier und die Luft in Munkmarsch scheint besonders klar zu sein. Bei gutem Wetter erblickst du am Horizont sogar den an- oder abreisenden Autozug. Aus der Ferne sieht er aus wie eine schwebende Raupe.

Mein Tipp:

Ein Spaziergang von Munkmarsch nach Keitum führt über die malerische Jückermarsch-Brücke. Bei Sonnenaufgang gleicht die Landschaft einem Gemälde.

Die Brücke wird auch Lügenbrücke genannt. Es heißt, sie würde einbrechen, wenn unehrliche Menschen sie betreten.

Welcome to Calle's Beach

Dabei handelt es sich um einen geschützten Strandabschnitt, der nach Surflegende Calle Schmidt benannt ist. Er brachte 1972 das erste Surfbrett aus den USA nach Sylt. Und dazu eine Wassersportschule, in der Surf- und Segelkurse für Katamaran und Jolle angeboten werden. Für Anfänger bietet die Bucht als Flachwasserrevier sehr gute Voraussetzungen und Calle ist aufgrund seiner großen Erfahrung der perfekte Lehrer. Weitere Infos findest du auf www.syltsurfing.de. Wenn du dem weißen Sandstrand in Richtung Norden folgst, führt dich der Weg zum Weißen Kliff und in die zauberhafte Braderuper Heide (Seite 118).

Hinter dem Yachthafen erstreckt sich Calle's Beach.

Wusstest du …

… dass Segelboote den Munkmarscher Hafen nur bei Flut ansteuern können und einen Tiefgang von 1,50 Metern nicht überschreiten dürfen?

Hotel Fährhaus Sylt

Erfüll dir den Traum vom Verwöhnurlaub am Wattenmeer

Gastgeber | Robert Jopp

Mein Tipp: *Von April bis Ende September serviert Küchenchef Markus Gerlach im Pop-up-Restaurant FiiwFutt feine Fischmenüs.*

In der mit Delfter Fliesen verzierten Stube des Hotels Fährhaus am Munkmarscher Yachthafen könnte ich es mir stundenlang gemütlich machen. Ich bin verliebt in das friesische Flair, das das 5-Sterne-Superior-Haus versprüht. Vor 150 Jahren war es das Tor zur Insel, als Munkmarsch Anreiseort für Feriengäste war. Das bis heute erhaltene viktorianische Haupthaus wurde im Lauf der Zeit erweitert. Auf dem Bild links siehst du den

lichtdurchfluteten Eingangsbereich. Die schönen Doppelzimmer und Suiten sind sehr geschmackvoll eingerichtet. Wer träumt nicht von einem Urlaub mit Dachterrasse und Wasserblick? Entspannte Stunden bietet das 700 Quadratmeter große Fährhaus-Spa. Für den kulinarischen Genuss ist ebenfalls gesorgt. Freu dich auf regionale Köstlichkeiten in der Käpt'n Selmer Stube. Ob Hotelgast, Sylt-Urlauber oder Einheimischer – hier ist jeder herzlich willkommen!

Hotel **Fährhaus Sylt** Bi Heef 1 25980 Munkmarsch	**Kontakt** www.faehrhaus-sylt.de info@faehrhaus-sylt.de (04651) 939 70

Abenteuer Watt

Ein Spaziergang auf dem Meeresboden

Eine steife Brise weht mir um die Nase, als ich in Gummistiefeln am Fuße der Vogelkoje in Kampen knöcheltief im Schlick stehe. Denn heute schließe ich mich der geführten Wattwanderung von Jan Krüger an. Jan ist ein waschechter Insulaner, der nun seit einem Jahr als Nationalpark-Wattführer tätig ist. Ich habe Respekt vor solchen Exkursionen. Denn schnell kann man in die Fänge eines Priels geraten, dessen starke Strömung einen mit Leichtigkeit auf die offene Nordsee hinauszieht. Umso wichtiger ist es, die Anweisungen des Experten zu befolgen.

Immer wieder bleiben wir stehen, wenn Jan kleine Fundstücke mithilfe einer großen Mistgabel zum Vorschein bringt. Brotkrumenschwämme, die wie aufgeweichte Backwaren aussehen, Wattwürmer, die ganze Tunnelwelten bauen, und glibberige grüne Wurmeier, die als Frühlingsboten der Nordsee gelten. „Passt besser auf, nicht im Schlick stecken zu bleiben", warnt uns Jan mit Blick auf einen besonders schlammigen Pfad. Wir bilden eine Reihe und halten uns an unserem Vordermann fest. Im Gänsemarsch schaffen wir es, den schlickigen Parcours zu meistern. Als Belohnung wartet unser Wattexperte schon mit dem nächsten Meeresschatz auf uns, der etwas an pockigen, braunen Salat erinnert. Blasentang kenne ich aus der Ostsee. Als Kind hatte ich viel Spaß daran, die kleinen

Auf www.sylt-wattwanderungen.de kannst du Führungen mit den Wattjungs Jan Krüger und Werner Mansen buchen.

Blasenkügelchen der Braunalge zwischen meinen Fingern zerplatzen zu lassen. Wie im Flug vergeht die Zeit und schon müssen wir uns auf den Rückweg machen. Denn es dauert nicht mehr lange, bis die Flut das Wasser meterhoch ansteigen und die Schätze des Watts wieder unter einer Decke aus salziger Nordsee verschwinden lässt.

Ein Wattwurm kann bis zu 30 cm lang werden.

Bei der Wanderung immer aufpassen, wo du hintrittst!

PURER GENUSS.

FEIN SCHMECKEN. VAIHINGER SCHMECKEN.
WILLKOMMEN AUF SYLT.

Die Niehoffs Vaihinger Fruchtsaftexperten unterstützen die anspruchsvolle Gastronomie und Hotellerie mit einer exklusiven Produktvielfalt.

Natürliche Säfte.
Vom beliebten Orangensaft bis zu sonnigen Exoten: Über 30 Sorten Säfte, Cocktail-Basics und Smoothies sorgen für Abwechslung und bieten Fruchtiges für jeden Geschmack. Mit der schlauen Twist-Off Glasflasche, die den Ausschank effizienter macht, setzen wir auf Nachhaltigkeit.

Prickelnde Schorlen.
Saftiger Apfel. Erfrischender Rhabarber. Exotischer Traube-Maracuja Mix. Die Niehoffs Vaihinger Premium Schorlen kommen in einer eleganten 0,33 l Longneck Flasche und sind prickelnde Durstlöscher.

Erfrischende INNERGY!
INNERGY! ist Ihr neuer, temperamentvoller Energydrink. Power aus Guaraná, erfrischende Schärfe aus Ingwer und eine köstliche Fruchtkomposition. INNERGY! schmeckt.

Mit frischen Früchten, natürlichen Zutaten und schonender Verarbeitung sorgt Niehoffs Vaihinger für hohe Qualität. Einfach ein purer Genuss.

Vaihinger
INNERGY!
Vaihinger
SCHORLE
Rhabarber
INNERGY!
ENERGYDRINK
AUF FRUCHTBASIS
MIT INGWER
SCHORLE
Rhabarber
NIEHOFFS
Vaihinger
Fein. Feiner. Vaihinger.

Reetdachidylle + Friesenromantik

Jeder Blickwinkel wie gemalt, ein Vorgarten schöner als der andere, zauberhafte Lädchen, kuschelige Cafés und weites Watt: Das ist das Kapitänsdorf Keitum

Stundenlang könnte ich im Laden Alte Wäscherei stöbern.

Zu Fuß am schönsten

Es sind die alten Kapitänshäuser, die schmalen Pfade, die verschlungenen Wege und die bunt bepflanzten und mit rostigen Ankern geschmückten Gärten, die ich an Keitum so liebe. Du solltest den Ort unbedingt zu Fuß oder mit dem Fahrrad erkunden und dir dabei viel Zeit nehmen. Denn nur dann kannst du die in der Luft liegende Friesenromantik fühlen. Meine Märchenreise beginnt jedes Mal am Ortseingang in der Alten Wäscherei, einem schönen Blumenladen der anderen Art. Berauscht vom süßen Blütenduft, gemischt mit dem Aroma von Kaffee und Kuchen, das hier immer wieder aus den urigen Cafés wie der Kleinen Teestube strömt, schlendere ich weiter durch das für mich hübscheste Inseldorf. Keitum, du tust gut!

Mein Tipp:
Im April blühen die Kirschbäume in voller Pracht und du kannst tausendundein schönes Foto knipsen. Für Hobbyfotografen ist Keitum sowieso ein Muss!

Historische Wohnkultur erleben

Wenn du der Geschichte Keitums wie auch Sylts tiefer auf den Grund gehen möchtest, dann empfehle ich dir einen Besuch im Sylt Museum und im Altfriesischen Haus. Letzteres hat es mir besonders angetan. Es zeigt vier Wohnräume mit Originalmöbeln sowie Gebrauchs- und Alltagsgegenständen, die dir eine lebendige Vorstellung von der friesischen Wohnkultur des 18. und 19. Jahrhunderts vermitteln. Wundervoll finde ich die Holzbalken und Vertäfelungen, die alten Kacheln und handbemalten Fliesen. Die sogenannten Delfter Fliesen wurden einst im 17. Jahrhundert zur Walfangzeit von Sylter Kapitänen aus Holland mitgebracht. Infos zu den Öffnungszeiten und weiteren Museen der Insel findest du auf www.soelring-foriining.de.

So urig waren die Friesen früher einmal eingerichtet.

Wusstest du ...

...dass sich der Verein Söl'ring Foriining dafür engagiert, dass Einheimische und Gäste die Sylter Traditionen bewahren?

Kunst, Kultur & Kulinarik

In den schicken Friesenhäusern Keitums haben sich so einige Restaurants, Hotels, Galerien, Boutiquen und Manufakturen angesiedelt. Von Töpfereien über Goldschmieden bis hin zum Glasatelier im Keitumer Bahnhof – es gibt viel zu entdecken. Ich mag individuell gefertigte Produkte, die es nicht an jeder Ecke zu kaufen gibt, besonders gern. Es lohnt sich, Abstecher in die Seitenstraßen zu machen, um nichts zu verpassen. Daher empfehle ich dir, an einer geführten Tour teilzunehmen, denn so erfährst du viel mehr über den einstigen Hauptort der Insel.

Wusstest du …

… dass es in Keitum Deutschlands nördlichsten Weinberg gibt? Meine Empfehlung ist die geführte „Bike & Wine"-Tour der EBIKE Sturmflotte (Seite 106). Zum Programm gehört natürlich auch eine Weinverköstigung.

In der Kleinen Töpferei wird zauberhafte Keramik gefertigt.

Selbst wenn du dich einfach nur treiben lässt, es führen fast alle Wege zum Grünen Kliff am südöstlichen Rand des Ortskerns. Von dort aus wartet ein wundervoller Blick über das Weltnaturerbe Wattenmeer. Leg kilometerlange Spaziergänge zurück, wie zum Beispiel über Munkmarsch bis nach Kampen. Am Kliff befindet sich auch ein von Findlingen eingefasster Hügel. Der sogenannte Harhoog ist ein Hünenbett aus der Jungsteinzeit. Erkunde noch einige weitere Grabhügel und Großsteingräber, wenn du dich auf die Spuren der „hünen.kulTour" begibst. Drei Wanderpfade führen mit Infotafeln durch die spannende Vor- und Frühgeschichte Sylts.

Mein Tipp:

Wenn du zwischen Dienstag und Donnerstag mit dem Sylt Shuttle der DB an- und abreist, zahlst du etwas weniger. Zudem sind die Wartezeiten bei der Verladung unter der Woche geringer.

Das Wahrzeichen Keitums liegt zwischen Watt und Heide.

Wenn Grabsteine sprechen

Auf deiner Besichtigungstour darf die Ende des 12. Jahrhunderts errichtete St.-Severin-Kirche auf keinen Fall fehlen. Sie wird dir sicherlich von Weitem aus verschiedenen Winkeln ins Auge gefallen sein. Es mag merkwürdig klingen, aber ein Besuch des dortigen Friedhofs lohnt sich. Die historischen Grabsteine von Sylter Kapitänsfamilien erzählen von Lebens- und Familiengeschichten längst vergangener Zeiten. Zudem sind dort berühmte Persönlichkeiten wie der Verleger Peter Suhrkamp, „Spiegel"-Gründer und -Herausgeber Rudolf Augstein oder der Schriftsteller Ferdinand Avenarius beigesetzt. Im Inneren der Kirche verbirgt sich die größte Kirchenorgel Nordfrieslands. Jeden Mittwoch steht sie im Mittelpunkt der beliebten Orgelkonzerte. Infos über Kirchenführungen und Termine findest du auf www.st-severin.de.

Wusstest du ...

...dass die ältesten Grabsteine auf dem Keitumer Friedhof aus dem 17. Jahrhundert stammen?

Natürlich
besser leben.
Mit dem **natürlich hohen Hydrogencarbonat-Gehalt von 1.846 mg/l** und einer einzigartigen Mineralisation. Fein perlend und angenehm im Geschmack wird Staatl. Fachingen seit jeher von Menschen getrunken, die auf ihre Säure-Basen-Balance achten. Beste Voraussetzungen für unbeschwerte Lebenslust.
HCO3-
www.fachingen.de/hydrogencarbonat
STAATL. FACHINGEN
MEDIUM
feinperlend und erfrischend
STAATL. FACHINGEN
Das Wasser. Seit 1742.

Hotel Aarnhoog

Finde Ruhe und Entspannung in einem bezaubernden Kleinod

Gastgeber | Kristan Held

Mein Tipp: *Das Highlight ist die exklusiv buchbare Spa-Lounge mit Sauna, Whirlpool und Pendelliege – auch für Day-Spa-Gäste.*

Am liebsten würde ich in jedem der elf liebevoll gestalteten Zimmer und Suiten des Design-Boutique-Hotels Aarnhoog einmal übernachten. Sie befinden sich in reetgedeckten Friesenhäusern im Herzen Keitums und sind ganz individuell und charmant eingerichtet. Die Mischung aus friesischem Flair und modernem Design trifft genau meinen Geschmack. Einige Zimmer verfügen sogar über eine Terrasse mit Strandkorb, eine eigene

Sauna, eine frei stehende Badewanne oder direkten Zugang zum großzügigen Spa-Bereich mit Indoorpool und umfangreichem Wellnessangebot. Was gibt's Besseres, als dort im Winter im warmen Whirlpool die Seele baumeln zu lassen? Auch das Feinschmeckerfrühstück in der Friesenstuuv, hausgebackener Kuchen am Nachmittag, der wunderschöne Garten und das herzliche Team rund um Gastgeber Kristan versprechen einen unvergesslichen Urlaub.

Hotel Aarnhoog	**Kontakt**
Gaat 13	www.aarnhoog.de
25980 Keitum	info@aarnhoog.de
	(04651) 39 90

Hotel Benen-Diken-Hof

Verbringe einen Urlaub wie im Bilderbuch und erlebe Genuss mit allen Sinnen

Gastgeber | Anja & Claas-Erik Johannsen

Mein Tipp: *Nicht nur Hotelgäste kommen in den Genuss des ausgiebigen Langschläfer-Frühstücks. Am besten vorab reservieren!*

Als ich in die Auffahrt zum Benen-Diken-Hof abbiege, habe ich das Gefühl, in einer romantischen Filmkulisse zu sein. Grüne Wiesen mit wunderschön angelegten Gärten umrahmen geschichtsträchtige Reetdachhäuser auf einer großen Hofanlage.
Ein Rückzugsort, an dem dich Familie Johannsen bereits in zweiter Generation herzlich willkommen heißt. Es erwarten dich traumhafte Zimmer und Appartements, ein Spa-Bereich und das liebevoll

eingerichtete Restaurant KØKKEN. Es hat sich den „Feinheimischen" angeschlossen – einem Verein, der für nachhaltige und regional geprägte Küche aus Schleswig-Holstein steht. Das abgebildete Filet vom Nordsee-Steinbutt mit Schwarzwurzel in Rahm, gebratenen Salatherzen und Katenschinken schmeckt himmlisch. Schau nach dem Essen unbedingt noch auf einen Absacker in der Bar vorbei. Gastgeber Claas-Erik erzählt dort spannende Inselgeschichten.

Hotel	**Kontakt**
Benen-Diken-Hof	www.benen-diken-hof.de
Keitumer Süderstraße 3-5	info@benen-diken-hof.de
25980 Keitum	(04651) 938 30

Grill & Bar

Butcherei

Erlebe, was pure
Fleischeslust bedeutet

Gastgeber | Oliver Behrens

Mein Tipp: *Dank der Zubereitung im 800-Grad-Ofen ist das Fleisch außen kross, aber innen zart und saftig – unbedingt probieren!*

Dass Fischliebhaber auf einer Nordseeinsel an jeder Ecke leckere Meeresschätze serviert bekommen, sollte niemanden wundern. Das Angebot an richtig gutem Fleisch ist auf Sylt allerdings deutlich geringer. Das dachte sich auch Gastronom Oliver. Während einer New-York-Reise aß er in den besten Steakhäusern Fleisch, das in einem 800-Grad-Ofen zubereitet wurde. Er war von Geschmack und Qualität so begeistert, dass für ihn feststand:

„Genau das muss ich nach Keitum bringen!" So eröffnete er dort 2014 die Butcherei. Den besagten Ofen importierte er direkt aus den USA. Seitdem kannst du hier auf den Punkt gegartes Rinderfilet, Rib-Eye-Steak, Bison oder auch das heimische Sylter Galloway genießen. Das Rindertatar mit wilden Käutern auf dem Foto links ist ebenfalls ein Genuss. Dazu schmeckt mir der hauseigene fruchtige Butcherei-Rotwein besonders gut.

Grill & Bar	**Kontakt**
Butcherei	www.butchereisylt.de
C.-P.-Hansen-Allee 2a	butcherei@icloud.com
25980 Keitum	(04651) 886 43 00

Kleine Küchenkate

Genieß einfach gute Küche – ohne viel Chichi

Gastgeber | Heike & Detlef Sprengkamp

Mein Tipp: *In der Sommersaison öffnen die Luken des dazugehörigen Softeis-Stands.*

„Schlichte, regionale und leckere Gerichte ohne viel Chichi" ist das Motto in der Kleinen Küchenkate. Als ich zum ersten Mal über die Schwelle des Restaurants trete, nimmt mich die persönliche Atmosphäre in dem kleinen Häuschen auf Anhieb gefangen. Detlef, Gastgeber und leidenschaftlicher Koch, berichtet mir überschwänglich von der Idee hinter dem Lokal. Eine Freude, die mich einfach ansteckt. Auf der Karte stehen regionale Fisch- und

Fleischgerichte von Labskaus über Matjesfilet bis zum Filet vom Sylter Galloway oder perfekt gebratener Seezunge. Der offene Kochbereich lädt dazu ein, bei der Zubereitung zuzuschauen. Auf dem Foto siehst du Koch Dominic Seidel. Das appetitlich angerichtete Essen schmeckt nicht nur richtig lecker, sondern ist preislich absolut fair. Meine Highlights: Das Schnitzel mit der knusprigen Panierung und der Palatschinken mit Vanilleeis und roter Grütze.

Kleine Küchenkate
Hoyerstig 2
25980 Keitum

Kontakt
www.kleinekuechenkate.de
info@kleinekuechenkate.de
(04651) 333 87

Kontorhaus Keitum

Nimm dir Zeit für sinnliche Teestunden im stilvollen Suitenhotel

Gastgeber | Franziska & Wolfgang Zaeske

Mein Tipp: *Regelmäßig verwandelt sich das Kontorhaus in einen Konzertsaal. Jedes Konzert ist einmalig schön.*

Einfach mal abtauchen, sich mit Ruhe und Zeit erholen – das ist wahrer Luxus. Erleben kannst du das inmitten der grünen Keitumer Wiesen im Kontorhaus. Franziska und Wolfgang haben dort einen einzigartigen Rückzugsort geschaffen. Es gibt für mich kaum etwas Schöneres, als mich mit einer Tasse frisch aufgebrühtem Tee und einem Stück Kuchen in ihren elegant-gemütlichen Teeraum zu kuscheln. Dort liebe ich ein Detail besonders: die

bodentiefen Fenster, die einen großartigen Blick in die Natur bieten und zum stundenlangen Sitzen, Träumen und Lesen einladen. Ich stöbere auch gern im Ladengeschäft für hochwertige Wohnaccessoires nach besonderen Schätzen oder schnuppere mich durch das umfangreiche Teesortiment. Wer nicht nur für einen Nachmittag, sondern länger bleiben möchte, sollte sich in einer der sieben traumhaft eingerichteten Suiten im Gästehaus einmieten.

Kontorhaus Keitum	**Kontakt**
Siidik 15	www.kontorhauskeitum.de
25980 Keitum	hotel@kontorhauskeitum.de
	(04651) 889 11 94

Wine & Dine

Reblaus

Stell dir dein Lieblingsessen nach Lust und Laune selbst zusammen

Inhaber | Dr. Rainer Berchtold

„In der Reblaus soll man sich so wohlfühlen, als wäre man Gast bei mir zu Hause."
Stefan Berchtold, Geschäftsführer

Das Besondere an dem Bistro nahe dem Keitumer Watt ist, dass du als Gast selbst kreativ werden darfst. Der Koch kommt zum Tisch, du suchst dir dein Lieblingsgericht aus und wählst die Beilagen von der saisonalen Tageskarte aus. Alles ist kombinierbar. Auf der Karte stehen so köstliche Speisen wie Wildschwein- oder Rehrücken, Seeteufel, hausgemachte Pasta, Currywurst von der Sylter Landschlachterei, Luma Pork oder das hier

abgebildete Côte de Bœuf. Das Fleisch sowie die Gemüsesorten stammen zum größten Teil aus der Region. Ich finde es toll, dass man dank des Front-Cooking-Konzepts bei der liebevollen Zubereitung des Essens sogar zusehen darf. Dabei läuft mir immer das Wasser im Mund zusammen. Genussartikel wie 100 Jahre alter Balsamico, Olivenöl, Gewürze, Schnäpse vom Sylter Fässchen oder Schokolade gibt es sogar für den Hausgebrauch zu kaufen.

Reblaus **Wine & Dine** Am Tipkenhoog 2 25980 Keitum	**Kontakt** www.reblaus-sylt.de info@reblaus-sylt.de (04651) 886 89 70

Lieblingsmomente

1. Finde die schönste Vorgarten-Dekoration. 2. Setz dich auf eine Bank am Kliff und genieß die Aussicht. 3. Bummel ganz entspannt durch die Keitumer Boutiquen. 4. Folge der Großmutter-Figur. Sie führt dich zu Nielsens Kaffeegarten. 5. Geh durch die Unterkieferknochen eines Finnwals am Eingang zum Sylt Museum. 6. Entziffer die Inschriften der Grabsteine auf dem Friedhof der St.-Severin-Kirche.

7.

8.

9.

10.

11.

12.

7. Lass dir eine Stulle schmieren im Restaurant Brot & Bier. 8. Besuch die vielen bunten Ateliers. 9. Gönn dir einen Wellnesstag im Severin's Resort und Spa. 10. Freu dich über einen wunderschönen Blumenstrauß aus der Alten Wäscherei. 11. Stöber direkt daneben nach Leckereien im Genuss-Shop von Johannes King. 12. Verbring kuschelige Stunden bei Friesentorte und Tee in der Kleinen Teestube.

Sylt im Winter

Sylt im sanften Schlummerschlaf: In der Zeit zwischen November und März ist Sylt so natürlich wie zu keiner anderen Jahreszeit. Ich entdecke weiß gedeckte Dünen und märchenhaft verschneite Reetdachhäuser. Viele Lokale machen Winterpause, die Strände sind wie leer gefegt, es herrscht eine himmlische Ruhe. Allein am Strand fühle ich mich wie eine Astronautin auf einem fremden Planeten. Um mich herum nichts als ein Universum aus Sand und Salzwasser. An eine solch drückende Stille müssen sich Stadtkinder sicherlich erst einmal gewöhnen. Durchgefroren nach langen Spaziergängen an der klirrend kalten Luft wärme ich mich am allerliebsten in gemütlichen Cafés auf. Der Winter auf Sylt ist die pure Schönheit für mich und die Inselwelt scheint stillzustehen. Doch wenn du genau hinschaust, sind Leben und Leute der Insel nun ganz besonders in Bewegung. Denn der Winter ist die Jahreszeit, in der Traditionen gelebt werden. Eine Zeit, in der du den Syltern und ihren Bräuchen besonders nahekommst.

Tannenbaum mal anders

Bei den Friesen diente der Jöölboom als Ersatz für den Weihnachtsbaum, da es bis zum Anfang des 19. Jahrhunderts nur einen geringen Baumbestand gab. Der hölzerne Rundbogen wird bis heute mit Zweigen, Kerzen und Figuren verziert.

Kinder, macht Krach!

Verkleidet und ausgestattet mit einem trommelähnlichen Instrument, dem Rummelpott, laufen die Kinder am Silvesterabend von Tür zu Tür, um Süßes zu ergattern. Durch das laute Geräusch sollen die Geister des alten Jahres vertrieben werden.

Die Friesen und ihr Tee

Tee ist Sylter Nationalgetränk. Der heiß geliebte Friesentee ist eine kräftige Mischung verschiedener Schwarzteesorten. Er wird mit Kluntjes, also Kandis, und einem Löffel Sahne getrunken. In den Teestuben der Insel gibt es Hunderte weitere Teesorten.

Besinnliche Adventszeit

In der Vorweihnachtszeit finden auf der Insel viele kleine Adventsmärkte statt, auf denen es regionale Handwerkskunst zu entdecken gibt. Seit 2018 lädt bis Anfang Januar sogar ein Wintermarkt in Westerland zum gemütlichen Glühweintrinken ein.

„Tjen di Biiki ön!"

Ich bin aufgeregt, als ich den Treffpunkt des Fackelumzugs am Tinnumer Gemeindehaus erreiche. Es ist meine erste Biike auf der Insel und ich weiß noch nicht, was mich erwartet. Hunderte Menschen erleuchten mit ihren Fackeln bereits die Straße. Eine Musikkapelle beginnt zu spielen und wir folgen ihr im Gänsemarsch zur Feuerstelle. Kaum haben wir den riesigen Haufen aus Ästen und ausgedienten Weihnachtsbäumen erreicht, ertönt auch schon der friesische Satz: „Tjen di Biiki ön!" Einheimische wie auch Urlauber werfen ihre Fackeln nach und nach auf den Haufen. Das trockene Holz lodert sofort prasselnd auf. Nun haben alle die Hände wieder frei, um sich mit Punsch oder anderen Heißgetränken zu wärmen. Gebannt schaue ich den tänzelnden Flammen zu, während über einen Lautsprecher eine Feuerrede gehalten wird. Erst auf Hochdeutsch, dann auf Sölring. Anschließend stimmen alle gemeinsam die Sylter Hymne „Üüs

Hunderte Insulaner wie auch Urlauber machen sich mit ihren Fackeln auf den Weg zum Biikefeuer.

Jedes Jahr am 21. Februar brennen neun Biikefeuer auf der Insel.

Söl'ring Lön" an. Dabei entsteht ein so tolles Zusammengehörigkeitsgefühl, dass ich mich wie ein Teil der Dorfgemeinschaft fühle. Nach einer Weile stürzt endlich der Pidder, ein über dem Feuer thronendes Holzfass, in die Gluten. Es heißt, nun sei der Winter verabschiedet und der Frühling eingeläutet. Zwischen den Rauchwolken steigt mir plötzlich der Duft von Grünkohl in die Nase. Er ist ein wichtiger Teil dieser langen Tradition und wird mit Kochwurst, Schweinebacke, Kassler und süßen Kartoffeln in nahezu jedem Restaurant aufgetischt. 2014 wurde das Biikebrennen sogar von der UNESCO zum immateriellen Kulturerbe ernannt. Falls du es also noch nicht erlebt hast, wird es Zeit! Vielleicht sehen wir uns am 21. Februar 2020 mit Fackeln am Feuer?

Was bedeutet Biike eigentlich?

Eine Legende besagt, dass die Biike auf heidnische Bräuche zurückgeht. Als Frühlingsfeuer sollte sie gegen böse Geister helfen und die Saat schützen. Zur Zeit der Walfänger wurde auf den Inseln das Feuer entzündet, um die Seefahrer zu verabschieden. Das Wort „Biike" aus dem Sylter Friesisch heißt „Zeichen".

Sicherheit –
egal was kommt.
Oder wer.

SCHÜCO
SCHÜTZT
GEPRÜFTE SICHERHEIT
Geborgenheit ist die Gewissheit, gut geschützt zu sein. Vor Wind und Wetter, aber auch vor ungebetenen Gästen und Einbrechern. Schüco Schiebesysteme schließen Gefahren einfach aus. Da können Sie sicher sein. www.schueco.de/sicherheit
Fenster. Türen. Fassaden.
SCHÜCO

Im Herzen der Insel

Tinnum liegt zentral zwischen Westerland und Keitum. Flache, weite Landschaft trifft auf vielseitige Freizeitangebote

Eines der ältesten Häuser Sylts ist die 1649 erbaute Alte Landvogtei.

Zwischen Himmel und Erde

Trotz der Nähe zum Inselzentrum Westerland geht es in Tinnum um einiges ruhiger zu. Statt Strand und Meer wirst du hier auf grüne Salzwiesen, historische Hünengräber, weitläufige Wanderwege und idyllische Pferdehöfe wie dem Reitstall zum Wiesengrund treffen. Im Kontrast dazu steht der Flughafen. Ich bin zwar noch nie mit dem Flugzeug nach Sylt geflogen, möchte aber unbedingt einmal die Insel von oben erleben. Der Flight Service Sylt bietet zum Beispiel einen Rundflug mit einem Gyrocopter – einem Tragschrauber – an. Das ist bestimmt ein Erlebnis! Übrigens: Auf dem Flughafengelände finden jedes Jahr an einem Augustwochenende Open-Air-Konzerte mit hochkarätigen Künstlern statt.

Mein Tipp:

Die Tinnumer Wiesen eignen sich hervorragend für lange Spaziergänge mit oder ohne Hund, für Fahrradtouren oder auch als Joggingstrecke.

Perfekt für Naschkatzen & Kunstfreunde

Ich gebe zu, das Tinnumer Gewerbegebiet klingt im ersten Moment nicht nach einer Attraktion. Warum sich ein Besuch dennoch lohnt? Nicht nur wegen diverser Outlet-Stores, Möbelgeschäfte und Großhändler. Sondern in erster Linie, weil es dort eine Schokoladenmanufaktur gibt! Dort warten alle denkbaren (und undenkbaren) Sorten von Schokoladentafeln, Tortenträume und weitere Süßigkeiten darauf, von dir vernascht zu werden. Es werden sogar Schoko-Seminare angeboten. Infos und Termine findest du unter www.cafe-wien-sylt.de. Außerdem empfehle ich dir einen Besuch im Atelier von Künstlerin Ute Hillenbrand. Ich liebe ihre farbenfrohe und fantasievolle Pop-Art.

Auch Sylt-Motive schmücken Utes Leinwände.

Wusstest du …

…dass es am Flughafen einen Manufakturladen der Sylter Werkstätten (eine Einrichtung für Menschen mit Behinderung) gibt, der handgemachte Produkte anbietet?

SUSANNA DÜNNE

ALS GOLDSCHMIEDIN UND SCHMUCKDESIGNERIN LEGENDÄR, VIELFACH AUSGEZEICHNET, DOCH ZURÜCKHALTEND IN DER SELBSTDARSTELLUNG.

SCHWEIZERIN MIT NORDIC-TOUCH UND ATELIER IN KAMPENS BESTER LAGE.

EDLE METALLE, EDLE STEINE UND EDLE HANDWERKSKUNST, IMMER UNIQUE UND VERBLÜFFEND KREATIV.

HOCHWERTIG UND KRAFTVOLL. KUNSTWERKE FÜR ANSPRUCHSVOLLSTE KUNDEN IN ALLER WELT.

WILLHABENFAKTOR: UNBEDINGT.

SCHMUCKATELIER DÜNNE
WESTERWEG 14
25999 KAMPEN / SYLT
FON +49 4651 43483
DUENNE-KAMPEN@WEB.DE

Einmal Burgfräulein sein

Bei unserer ersten Begegnung stand ich auf ihr – und zwar während die Flammen des Biikefeuers vor uns in der Dunkelheit loderten (Seite 172). Die Rede ist von der sogenannten Tinnum-Burg. Bis vor Kurzem kannte ich sie ehrlich gesagt noch gar nicht. Unter einer Burg stellst du dir wahrscheinlich etwas anderes vor. Es handelt sich hierbei um eine 8 Meter hohe ringförmige Wallanlage. Diese ist tatsächlich schon etwa 2.000 Jahre alt.

Wusstest du …

…dass die freiwillige Feuerwehr jedes Jahr das Tinnumer Wiesenfest organisiert? Mit Livemusik und Köstlichkeiten feiern Insulaner und Urlauber auf der Festwiese am Campingplatz.

Hier genieße ich die Ruhe, in der man manchmal lediglich das leise Rascheln der Gräser im Wind hören kann.

Auf einem langen Spaziergang bei Bilderbuch-Wetter wurde die Liebe zwischen uns endgültig entfacht. Denn entlang der Tinnum-Burg verlaufen meterlange Holzstege zwischen Gräsern und Wasservögeln. Um dich herum nichts als natürliche Weite, grasende Pferde, ein kleiner See und ein Prielstrom. Da du den Hügel betreten darfst, gibt es sogar noch einen tollen Ausblick dazu. Für mich eine ganz andere Seite Sylts. Denn die Insel besteht ja nicht nur aus Sandstränden und Wattenmeer.

Im Tierpark Tinnum leben sogar Exoten wie ein blauer Ara.

Aktivitäten für Groß & Klein

Tinnum hat vor allem für Familien viel zu bieten. Von April bis August öffnet der Tierpark, der circa 400 einheimische und exotische Tiere wie Papageien, Flamingos und Alpakas beherbergt. Sogar eine Teichrundfahrt mit einem Tretboot lässt sich dort unternehmen und die Lütten freuen sich bestimmt auch über die Hüpfburgen und den großen Spielplatz. Infos zu den Öffnungszeiten findest du unter www.syltmail.de/tierpark_tinnum. Eine weitere, allerdings eher außergewöhnliche Aktivität wird bei der Youksakka Bow & Funcompany angeboten. Das ist eine Bogenschule, bei der du nicht nur deinen eigenen Bogen baust, sondern auch den Umgang mit Pfeil und Bogen erlernst. Infos findest du unter www.youksakka.de.

Wusstest du …

…dass es einen Golfplatz in Tinnum gibt? Im Marine-Golf-Club kannst du dein Handicap verbessern oder an einem Schnupperkurs teilnehmen. Infos unter www.sylt-golf.de.

Hofcafé Klein'er Kuhstall

Entfliehe dem Trubel und finde bei einer Tasse Kaffee und einem Stück Sahnetorte zur Ruhe

Gastgeberin | Birgit Klein

Mein Tipp: *Das Hofcafé eignet sich perfekt für eine Pause nach einer Fahrradtour durch die Tinnumer Wiesen.*

„Mit meinem Hofcafé habe ich mir einen Traum erfüllt", erzählt mir Birgit mit leuchtenden Augen. Die Liebe, die sie in ihren Klein'en Kuhstall steckt, spürt man in jeder Ecke, in jedem Stück Torte und in jedem Bild an der Wand. Seitdem ich diesen muckeligen Ort entdeckt habe, schaue ich regelmäßig vorbei, weil ich süchtig bin nach dem Käsekuchen mit Himbeermark. Zudem ist das Team so herzlich, dass man sich nur wohlfühlen kann. Das

Hofcafé ist umgeben von einem wunderschönen Garten, in dem Strandkörbe zum Verweilen einladen. Dabei schweift der Blick über die grünen Tinnumer Wiesen. Für mich der perfekte Ort, um für einen Moment Abstand von der Alltagshektik zu bekommen. Genau dieses Gefühl von Entschleunigung ist es, was Gäste wie auch Einheimische lieben, die hier ihrer Sucht nach Mandarinentorte oder der herzhaften „Klein'er Kuhstall Mistplatte" nachkommen.

Hofcafé Klein'er Kuhstall	**Kontakt**
Südhörn 7c	www.kleinerkuhstall.de
25980 Tinnum	info@kleinerkuhstall.de
	(04651) 835 30 05

Siebzehn84
& MILES BAR

Komm als Gast und geh als Freund

Gastgeber | Holger Bodendorf

Mein Tipp: *Das Hotel LANDHAUS STRICKER befindet sich direkt gegenüber. Der Wellness-Bereich ist ein Traum!*

Wenn ich an die aufgeschlagene Hummersuppe mit gebackener Krustentierpraline und Kräuteröl denke, die ich im Restaurant SIEBZEHN84 probiert habe, dann läuft mir das Wasser im Mund zusammen. Kein Wunder, denn hier kochen die Sterneköche Holger Bodendorf und Philip Rümmele (Foto, von links). Das Restaurant befindet sich in einem Reetdachhaus, das 1784 erbaut wurde. Die urigen Holzbalken, das gedimmte Licht und die einladen-

den Sitzecken verleihen den Räumen viel Gemütlichkeit. Auf der Karte stehen Klassiker und kreative Gerichte, die mit Leidenschaft und Handwerkskunst zubereitet werden. Nach dem Essen lasse ich den Abend am liebsten entspannt mit einer Cocktailkreation von Barchef Stefan Märker in der MILES BAR nebenan ausklingen. Es ist die Mischung aus lässigem Ambiente, herzlicher Gastfreundschaft und hochwertiger Küche, die ich an diesem Ort so liebe.

SIEBZEHN84 & MILES BAR	**Kontakt**
Boy-Nielsen-Straße 10	www.landhaus-stricker.com
25980 Tinnum	info@landhaus-stricker.de
	(04651) 889 90

Vino Vin

Begib dich auf eine kulinarische
Reise um die Welt

Inhaberin | Petra Fuchs

„Wenn man sich ein Leben lang nur mit gutem Essen beschäftigt hat, will man irgendwann nur noch das Beste."
Petra Fuchs

Im Wein- und Feinkostgeschäft Vino Vin versorgt Genuss-Expertin Petra seit 26 Jahren Insulaner und Sylt-Urlauber mit Feinschmeckerprodukten aus aller Welt. Öle und Essige der höchsten Güteklasse, italienische Pasta, feine Wurst- und Käsespezialitäten aus Italien und Frankreich, Schokoladen und Fischkonserven der besonderen Art – es gibt unglaublich viel zu entdecken und zu erschmecken. Denn hier kann man vieles probieren. Hinzu kommen dut-

zendweise exotische Gewürzmischungen, Pfeffer, Chili und andere Pülverchen von Gewürze-Papst Ingo Holland. Mein Highlight ist die Verkostung der Trinkessige, zu denen Petra tolle Anwendungstipps gibt. Ihr Mann Lorenz herrscht über das Reich der Weine und Spirituosen. Über 500 Sorten führt er im Sortiment. Da hat man die Qual der Wahl. Zum Glück nehmen sich die beiden viel Zeit für eine fachkundige Beratung.

Vino Vin
Mittelweg 5 /
Keitumer Landstraße
(neben der Aral-Tankstelle)
25980 Tinnum

Kontakt
www.vinovin-sylt.de
vinovin.tinnum@googlemail.com
(04651) 936 54 84

Restaurant Zur Eiche

Komm in den Genuss
von frisch gefischten Meeresschätzen

Gastgeber | Familie Jaschinski

Mein Tipp: *Immer montags gibt es den Eiche-Burger, dienstags ist Enten-Tag, donnerstags gibt's Spareribs, sonntags ist Haxen-Tag.*

Es gibt nicht viele Köche, die ihren Fisch selbst angeln. In Familie Jaschinskis Restaurant kommt jedoch seit Generationen Selbstgefischtes auf den Tisch. Hinter dem Herd stehen Olaf und Matz-Momme. Das Vater-Sohn-Duo hat mich mit dem selbst gemachten Backfisch und den hervorragenden Muscheln in Currysud für sich gewonnen. Ich bin ein Fan ihrer bodenständigen Küche, bei der viele Produkte aus der Region zum Einsatz

kommen. Manchmal kochen sie sogar für über 100 Gäste, wenn Geburtstage oder andere Feste gefeiert werden. Im Service wickelt Silke alle mit ihrem Charme um den Finger. Die Blumendeko stammt aus Tochter Sveas Hand und die schönen Syltbilder hat der jüngste Spross Nauke geknipst. Mich beeindruckt der Zusammenhalt der Jaschinskis. Genau deshalb fühlen sich Einheimische und Sylt-Urlauber hier wie im Wohnzimmer bei Freunden.

Restaurant Zur Eiche	**Kontakt**
Zur Eiche 38	www.zureichesylt.de
25980 Tinnum	info@zureichesylt.de
	(04651) 311 44

Interview

Inselspaß *mit der Familie*

Ein Familienurlaub auf Sylt kann zu einem Erlebnis für Groß und Klein werden – wenn man weiß, wie. Inselfamilie Langenberg hat mir ganz persönliche Tipps verraten

Sylt Fräulein: Wie sieht euer ganz perfekter Familientag aus?

Familie Langenberg: Mit einem großen Picknickkorb im Gepäck einen schönen Platz am Weststrand für uns zu finden, zu spielen, zu surfen, ganz viel Zeit zu haben und nur für uns zu sein – das ist unser perfekter Familientag.

Was macht ihr bei Schietwetter?

Die Sylt4Fun-Halle in Wenningstedt ist eine tolle Möglichkeit für Kinder, sich auch bei schlechtem Wetter auszutoben. Es gibt eine Kletterwand, Trampoline, jede Menge Sportgeräte in einer großen Turnhalle, Longboards und vieles mehr. Das Schwimmbad Sylter Welle in Westerland macht auch immer großen Spaß!

Wo ist euer Lieblingsplatz auf der Insel?

Am Weststrand. Dieser Moment, wenn man über die Dünen kommt und das Meer sehen kann, ist einfach unbezahlbar. Für die Kinder ist der Strand der beste Spielplatz der Welt. Es gibt unendlich viele Möglichkeiten zu spielen und ausreichend Platz für alle.

Jenny und Marco Langenberg leben mit dem sechsjährigen Mads und dem zweijährigen Flyn auf Sylt.

Was sollte man an einem Strandtag immer dabeihaben?

Wind- und Sonnenschutz, Sonnenbrillen, Neoprenanzüge für die Kinder, denn so können sie länger im Wasser spielen, sowie Sandspielzeug, Kescher, Bälle, Strandtücher, ein Bodyboard und natürlich ein paar leckere Snacks.

Habt ihr Tipps für Kinder ab zehn Jahren?

Das Erlebniszentrum Naturgewalten in List. Dort gibt es viel Spannendes rund um die Nordsee zu entdecken und auszuprobieren. Surfkurse oder andere Wassersportkurse sind ein weiteres Highlight. Das Bowling-Center Lucky's in Westerland hat sogar zwei Kinderbowlingbahnen zu bieten. Nicht zu vergessen die Ausflüge mit den Adler-Schiffen – zum Beispiel sind die Piratenfahrt oder eine Seehundbänketour (Seite 24) empfehlenswert.

Habt ihr einen Geheimtipp für uns?

Wenn wir dem ganzen Trubel mal entfliehen möchten, wandern wir gern auf der Wattseite der Insel in der Braderuper Heide. Hier liegt auch das Schiffswrack „Mariann" im Watt, welches man bei Ebbe erforschen kann.

Die beste Aktivität, die nichts kostet?

Ganz klar: Muscheln am Strand sammeln!

Schönes für Klein und Groß

Jenny ist Inhaberin des Kinderladens michel & ida in der Norderstraße 42 in Westerland. Sie führt liebevoll ausgewählte Babyartikel, zauberhafte Spielsachen und Accessoires im Sortiment. Weitere Infos findest du auf www.michelundida.com.

Villa Kunterbunt

Vor und in der Villa an Westerlands Promenade gibt's kreative Aktionen, qualifizierte Kinderbetreuung und einen Spielplatz am Meer.

Arche Wattenmeer

In der hölzernen Arche in Hörnum laden liebevoll gestaltete Exponate zum Anfassen und „Begreifen" des Naturraums Wattenmeer ein.

Mads ist ganz begeistert vom Schiffswrack „Mariann".

Sagenwald

Ein kleiner Märchenwald am Campingplatz von Wenningstedt mit Spielgeräten und Tafeln, die die Sylter Sagen anschaulich erzählen.

Piratenwattwanderung

Ein Abenteuer für kleine Piraten, die dabei spielerisch die Bewohner des Watts kennenlernen. Infos unter **www.wenningstedt.de.**

Zwischen Salzwiesen und Meer

Du warst noch nie im kleinsten Dorf der Insel? Dann wird es Zeit! Archsum hat eine bewegte Siedlungsgeschichte zu erzählen und wird einmal im Jahr zum Schauplatz einer friesischen Tradition

In Archsum wirst du wunderschöne alte Häuser entdecken.

Der grüne Inselruhepol

Viele kennen den idyllischen Ort zwischen Salzwiesen und Meer entweder gar nicht oder sind auf dem Weg nach Morsum lediglich einmal hindurchgefahren. Dabei lohnt es sich, genauer hinzusehen. Ich mag die altehrwürdigen Höfe und geschichtsträchtigen Friesenhäuser, die sich in Archsum über die grüne Wiesenlandschaft verstreuen. Zu gern rätsle ich bei einem Spaziergang auf den verwinkelten Wegen, wer wohl früher einmal darin lebte. Vielleicht ein berühmter Kapitän mit seiner Familie? Am Watt tauchst du noch tiefer in die Dorfgeschichte ein. Bei Ebbe werden dort plötzlich oval angeordnete Findlinge sichtbar. Dabei handelt es sich um einstige Hünengräber, die vor über 5.000 Jahren errichtet wurden.

Mein Tipp:

Immer sonntags findet in Archsum ein Trödelmarkt statt. Folge einfach der roten Teekanne!

Hoch zu Ross

Jeden Sommer wird Archsum zusammen mit den Nachbardörfern Morsum und Keitum Schauplatz eines sportlichen Spektakels: dem Ringreitturnier. Beim Ringreiten ist größtes Geschick gefragt. Es gilt, hoch zu Ross im Galopp mit einer Lanze einen winzigen Metallring aufzuspießen, der zwischen zwei Pfählen an einer Schnur hängt – dem sogenannten Galgen. Im Lauf des Wettbewerbs wird der Ring immer kleiner. Der Reiter, der die meisten Ringe aufspießt, wird König. Ein traditioneller Inselsport, bei dem es sich lohnt zuzuschauen.

Sölring für Anfänger

Da im Inselosten viele Einheimische leben, wirst du hin und wieder mal ein paar Fetzen Sölring, also Sylter Friesisch, aufschnappen. Hier eine kleine Übersetzungshilfe:

Guten Tag = Gur Dai
Guten Appetit = Let et di gur smak
Strand = Strön
Watt = Heef
Sylt = Söl
Tschüss = Faarwel

Naturgewaltig + traditionsreich

Sylts Ostzipfel begeistert mit Ursprünglichkeit, verzaubert mit charmanten Bauernhöfen, fasziniert mit dem einzigartigen Kliff und überrascht mit landschaftlicher Vielseitigkeit

In Morsum prägen vor allem Bauernhöfe das Ortsbild.

Zurück in die Eiszeit

Wiesen und Weiden, Heide und Deiche – ich liebe das vielfältige Morsumer Landschaftsbild, das zu allen Seiten vom Schleswig-Holsteinischen Wattenmeer umrahmt ist. Am besten machst du dich daher zu Fuß oder mit dem Fahrrad auf Entdeckungstour. Am Ortseingang heißen dich fünf lebensgroße Puppen in gelben Regenjacken in einem Boot willkommen. Sie sind eine Hommage an die unerschrockene Besatzung eines Eisbootes. In langen Wintern, vor dem Bau des Hindenburgdamms, gab es für Schiffe kein Durchkommen durch die um Sylt liegende Eisschicht. Die mutigen Eisbootfahrer zwängten sich deshalb durch die Eisschollen, um lebenswichtige Nahrungsmittel und Medikamente zu beschaffen. Dafür setzten sie ihr Leben aufs Spiel.

Mein Tipp:

Zum östlichsten Punkt der Insel gelangst du durch die Straße Hiirlön. Am Ende erstreckt sich eine Wiese mit Ponys und einer Rinderherde. Dieser Ort gehört zu meinen Lieblingsplätzen.

Stöbern in charmanten Hofläden

Im einst größten Ort der Insel habe ich das Gefühl, dem Tourismus zu entfliehen und den Syltern besonders nahe zu sein. Es leben hier viele einheimische Familien, teilweise bereits seit Generationen. Einige Bauernhöfe bieten zudem ihre regionalen Produkte in niedlichen Hofläden an. So kannst du dich an einem Morsum-Tag wunderbar mit Konfitüre, Fleisch, Käse, Gemüse, Honig oder frischer Milch eindecken. Der Hansenhof ist übrigens besonders berühmt für seine fantastischen Eier. Ich kaufe mir dort am liebsten die Erdbeerkonfitüre.
Dank Selbstbedienungskästen versorgen dich die Morsumer gegen ein bisschen Kleingeld sogar zu jeder Tages- und Nachtzeit mit ihren Leckereien.

Die St.-Martin-Kirche umgibt eine besondere Aura.

Wusstest du …

…dass die spätromanische St.-Martin-Kirche in Morsum als älteste der Insel gilt? Sie wurde im 13. Jahrhundert erbaut. Im Sommer finden hier sonntags regelmäßig Orgelkonzerte statt.

Dieser Weg führt zum Highlight des Ortes: dem Morsum-Kliff

Morsum

Millionen Jahre alte Erdgeschichte erleben

Schwarzer Glimmerton, roter Limonitsandstein und weißer Kaolinsand: Du hast noch nie etwas davon gehört? Dann solltest du bei einem Panorama-Spaziergang unbedingt eines der ältesten Naturschutzgebiete Schleswig-Holsteins erkunden. Vom kostenfreien Parkplatz führt dich der Weg auf der linken Seite vorbei am Landhaus Severin's. Am Wegesrand wirst du immer wieder Info-Tafeln über das Morsum-Kliff entdecken. Die verschiedenen Erdschichten sind teils bis zu zehn Millionen Jahre alt. Der geologische Aufbau des Kliffs ist einzigartig in ganz

Wusstest du …

…dass du bei einer geführten Tour des Naturschutzzentrums noch vieles mehr über diesen außergewöhnlichen Lebensraum, seine Entstehung und Naturlandschaft erfährst? Infos unter www.naturschutz-sylt.de.

Stundenlang könnte ich den endlosen Blick über das Wattenmeer genießen.

Europa, weil die Schichten nicht über-, sondern nebeneinanderliegen. Nur ein Stück weiter befindet sich ein Steg mit Aussichtsplattform. Von hier aus hast du einen wundervollen Ausblick über das Wattenmeer und das farbenprächtige Kliff, das zu jeder Jahreszeit in anderen Nuancen leuchtet. Ein Fußweg schlängelt sich an der Kliffkante entlang bis zu einem Abschnitt mit sehr feinem rotem Sand. Hier habe ich immer das Gefühl, eine Wüstenlandschaft zu durchstreifen. Diese Stelle wird als „Klein Afrika" bezeichnet. Das gesamte Areal wirkt auf mich so natürlich, so ursprünglich, so fern von Massentourismus und Klischees. Für mich immer wieder atemberaubend!

Einer meiner liebsten Radwege führt den Nössedeich entlang. Hier ist weniger los als auf dem Radweg nach List.

Den Deich erklimmen & Kultur erleben

Wenn du eine Radtour oder einen Spaziergang auf dem Weg zwischen dem Nössedeich und dem Wattenmeer von Keitum nach Morsum unternimmst, dann kommst du nicht nur an Hunderten Schafen vorbei, sondern auch an einer Badestelle mit schmalem Sandstrand. Diese eignet sich perfekt für ein gemütliches Picknick – das Baden ist nur bei Flut möglich. Im Sommer verteilen sich dort dank der Morsumer Kulturfreunde eine Handvoll Strandkörbe. Der Verein bereichert das Dorfleben durch Veranstaltungen, Märkte, Projekte und Ortsverschönerungen. Dazu gehören Lesungen und Konzerte im Muasem Hüs, dem Herzstück des Ortes. Auch für den Oster-, Herbst- und Weihnachtsmarkt, Kinderfeste und einen Mittelaltermarkt sind die Kulturfreunde verantwortlich. Aktuelle Termine findest du auf www.morsumerkulturfreunde.de.

Mein Tipp:

Dieses idyllische Paradies liegt am sogenannten Katrevel. Aus dem ehemaligen Meeresarm haben sich mehrere Süßwasserteiche gebildet. Entlang des Dikwais gelangst du zu dieser schönen Stelle.

Bäckerei & Café Ingwersen

Stärke dich mit einem vielseitigen Frühstück für deinen Entdeckertag in Morsum

Gastgeberin | Julia Ferner

Mein Tipp: *Auf der kleinen Tageskarte stehen auch herzhafte Speisen wie Suppen, Salate und andere Leckereien.*

Bei jedem meiner Sylt-Besuche triffst du mich mindestens einmal im Café Ingwersen an. Denn im Herzen Morsums habe ich mein persönliches Frühstücksglück gefunden. Vom französischen Frühstück bis zum Friesenfrühstück – ich hab sie schon alle probiert. Jede Variante wird mit frischen, regionalen Zutaten liebevoll angerichtet. Das Morsumer Landbrot und die ofenwarmen Brötchen sind ein Traum! Sie werden täglich in der hauseigenen Bäckerei

gebacken. Beim Anblick der Sahnetorten aus der dazugehörigen Konditorei kann ich nie widerstehen. Zu gern gönne ich mir ein Stück Friesentorte. Bei schlechtem Wetter mache ich es mir im Wintergarten vor dem Kamin gemütlich, bei Sonnenschein im wunderschönen Obstbauerngarten. Neben den herrlichen Backwaren werden in einem kleinen Laden auch Friesenkekse, Kaffeegebäck, Konfitüre und Teesorten zum Mitnehmen angeboten.

Bäckerei & Café Ingwersen	**Kontakt**
Terpstich 76	www.ingwersen-sylt.de
25980 Morsum	info@ingwersen-sylt.de
	(04651) 82 33 42

Lieblingsmomente

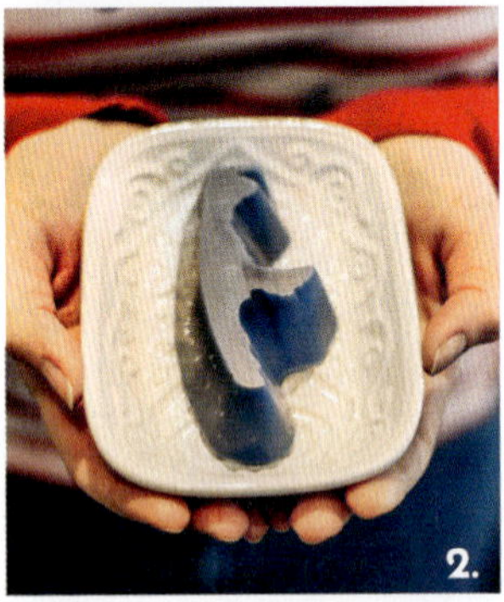

1. Verbring idyllische Tage im Hotel Landhaus Severin's. 2. Schnupper dich durch die duftende Seifenwelt der Sylter Seifen Manufaktur am Bahnhof. 3. Schlüpf in Gummistiefel, wenn du dich auf den matschigen Weg unterhalb des Morsum-Kliffs begibst. 4. Kuschle dich in das urige Kaminzimmer im Hotel Hof Galerie. 5. Deck dich mit leckerer Erdbeerkonfitüre vom Hansenhof ein.

6. Schau einem Schaf auf dem Nössedeich tief in die Augen. 7. Knips ein Foto von den Eisbootfahrern am Ortseingang. 8. Genieß den weiten Blick auf Wiesen, Watt und Weite. Die Bank findest am Ende der Straße Hiirlön. Dort kannst du an den Gleisen den Autozügen zuwinken. 9. Warte unter Reet auf den nächsten Bus. 10. Geh auf die Suche nach den ältesten Friesenhäusern des Dorfes.

Die besten Foto-Spots

Ich liebe es, die Vielfalt der Insel mit der Kamera festzuhalten. Es gibt Motive, die besonders häufig vor meiner Linse landen, weil sie immer faszinierend und immer anders sind

Am Kliff

Das Rote Kliff in Kampen entfaltet im Abendlicht aus allen Perspektiven eine magische Wirkung.

In der Natur

Lila Träume findest du in der Braderuper Heide, grüne Wiesen in Tinnum, endlose Weite am Ellenbogen oder an der Hörnum-Odde.

Mit Panorama
Eine fantastische Aussicht wie hier genießt du von dem Aussichtspunkt Möwennest in Hörnum oder von der Uwe-Düne in Kampen.

In den Dörfern
Wunderschöne Friesenhäuser tummeln sich im Kapitänsdorf Keitum. Im Frühling sind sie besonders fotogen.

Am Meer
Dort findest du die besten Motive für Detailaufnahmen: Muscheln, Seesterne, Möwen und glitzerndes Wasser.

Unser Tipp

Insgesamt erreichen Bad Salzuflens Parkanlagen eine Gesamtausdehnung von rund 120 Hektar, auf denen du Abstand von der Hektik des Alltags findest. Wenn du mehr Bewegung als bei einem Spaziergang suchst, ist „Aktiv im Park“ genau das Richtige für dich: Von April bis Oktober sammeln sich Bewegungshungrige zu Yoga, Qi Gong oder Atemgymnastik – geleitet von Therapeuten des Staatsbad Vitalzentrums.

Meeresluft schnuppern ...mitten in Deutschland

In Bad Salzuflen erwartet dich Luft wie an der See... und das mitten in Deutschland. Dafür sorgt das majestätische Gradierwerkensemble im Herzen der Stadt. Täglich rieseln 600.000 Liter Sole an ihm herab und zerstäuben dabei zu einem feinen Nebel. Schließt du die Augen, braucht es dank der salzhaltigen Luft und des sanften Rauschens nicht viel Fantasie, um sich in die Meeresbrandung versetzt zu fühlen. Gleichzeitig entfaltet die Sole ihre heilsame Wirkung – und du atmest mit jedem Atemzug befreiter.

Einzigartige Altstadt

Doch nicht nur das macht Bad Salzuflen zu einem ganz besonderen Ort! Die Stadt am Fuße des Teutoburger Waldes beeindruckt auch mit seiner farbenprächtigen Altstadt. Umgeben von Weserrennaissance-Bauten wird der Bummel in der Fußgängerzone zu einer Reise durch die Geschichte der Salzsiederstadt.

Entspannendes Grün

Nur einen Katzensprung entfernt laden weitläufige Grünflächen zu Spaziergängen und Wanderungen ein. Der im Sommer 2018 als Erlebnis- und Gesundheitspark neu eröffnete Kurpark bietet mit Kneipp-Insel und Solestrand zahlreiche Anziehungspunkte. Ob Entspannung oder Aktivierung: Hier findest du, wonach du suchst. Nimm auf einer der typischen Bad Salzufler Baumelbänke Platz und lass den Alltagsstress von dir abfallen!

Bad Salzuflen

ICH FÜHL' MICH WOHL.

»Dieser Moment, wenn …
… die Stille zwischen Himmel und Meer so unglaublich guttut«

Rantum

Zwischen den Meeren

Während viele lediglich nach Rantum pilgern, um einen Tisch in der Sansibar zu ergattern, schätze ich hier sowohl den Rundumblick auf die Watt- und Weststrandseite als auch das unter Naturschutz stehende Rantumbecken

Überall schmiegen sich Reetdachhäuser in die Landschaft.

Schmal, schmaler, Rantum

In keinem anderen Inselort bist du der rauen Nordsee und dem ruhigen Watt gleichzeitig so nah wie in Rantum. An einem Punkt ist die Insel hier wirklich nur circa 500 Meter breit. Also egal wo du dich aufhältst, in nicht mehr als fünf Minuten stehst du entweder mit den Füßen im feinen Nordseesand oder im matschigen Schlick. Insbesondere dann, wenn du dich einer Wattwanderung angeschlossen hast. Es ist jedoch nicht nur das Gefühl, dem Element Wasser so nahe zu sein. Es sind die entzückenden Reetdachhäuser, die Abgeschiedenheit und zugleich die gute Anbindung ans Zentrum, die ich hier schätze. Deshalb finde ich, ob Campingplatz, Appartement oder 5-Sterne-Hotel: Rantum eignet sich perfekt als Heimathafen für deinen Urlaub.

Mein Tipp:

Dieser Strandaufgang befindet sich beim Restaurant Tadjem Deel. In unmittelbarer Nähe liegt ein Hundestrand. Auf einem großen Parkplatz kannst du kostenfrei parken.

Auf Entdeckertour am Hafen

In Rantum muss man eher von einem Häfchen sprechen. Hinter dem Deich legen nur kleine Segelboote und Yachten an. Was mich so gern die Hafenstraße entlangschlendern lässt, ist die Mischung aus Traditionsbetrieben und Veranstaltungsangeboten. In einem gläsernen Pavillon wird das Mineralwasser der Sylt Quelle abgefüllt. Zwischen den Abfüllanlagen treten im sogenannten Meerkabarett in der Hauptsaison Stars und Newcomer auf. Das Programm findest du auf www.meerkabarett.de. Raum für internationale Kunstausstellungen gibt die Stiftung Sylt Foundation. Das Sylter Trading Kontor veranstaltet Whisky Tastings, die Strandkorbmanufaktur (Seite 230) bietet einen Blick hinter die Kulissen und in der Sylter Bonscherei kannst du nicht nur Bonbons kaufen, sondern bei einem Workshop sogar selbst welche herstellen. Was es noch so zu entdecken gibt, siehst du auf Seite 240.

In der Hafenstraße lockt die Bonscherei mit Süßigkeiten.

Bird Watching am Rantumbecken

Ob mit dem Fahrrad oder zu Fuß – ich kann dir eine Umrundung des Rantumbeckens nur ans Herz legen. Ein Deich trennt das knapp 600 Hektar große Areal vom Wattenmeer. Was im Zweiten Weltkrieg einst als Fliegerhorst für Wasserflugzeuge angelegt wurde, ist heute das artenreichste Vogelschutzgebiet Norddeutschlands. Zehntausende Vögel brüten und rasten hier zwischen Schilf, Sümpfen und Salzwiesen. Zu den unzähligen Arten gehören zum Beispiel riesige Schwärme von Alpenstrandläufern, Knutts und anderen Vögeln wie Möwen

Wusstest du …

…dass jährlich im September ein Wettlauf um das Rantumbecken stattfindet? Der Insel Sylt Tourismus-Service veranstaltet den etwa zehn Kilometer langen „Run ums Rantumbecken". Infos findest du auf www.insel-sylt.de.

Schwarzes Gefieder, roter Schnabel: Der Austernfischer ist auf der Insel weit verbreitet.

oder Flussseeschwalben. Mit einem Fernglas wirst du sicherlich die eine oder andere seltene Art entdecken. Beginn deine Runde zum Beispiel am Hafen. Entweder kehrst du dann nach der Hälfte der Strecke auf dem Deich um oder spazierst weiter bis nach Keitum und wieder zurück. Für eine komplette Umrundung benötigst du zu Fuß circa 2,5 Stunden. Inmitten der Natur genieße ich die Stille, in der lediglich das Vogelgezwitscher und das Blöken der grasenden Schafe die Geräuschkulisse bilden. Wenn man hier nicht vom hektischen Alltag abschalten kann, wo dann? Am Ende stärke ich mich meist noch mit einem Kaffee und Stück Kuchen in der Kaffeerösterei (Seite 236).

Vom Kiosk zum Kult: Die Sansibar ist ein Markenzeichen Sylts.

Das Sylter Erfolgsrezept

Wer noch nicht da war, hat zumindest von ihr gehört. Das kultige Strandrestaurant Sansibar am Rantumer Weststrand ist für viele nicht mehr von der Insel wegzudenken. Egal ob Sommer oder Winter – auf dem Parkplatz tummeln sich immer Scharen von Autos. Das hat gute Gründe, finde ich. Die Sansibar liegt inmitten der Rantumer Dünen direkt am Strand. Kinder können auf einem großen Spielplatz toben. Das Personal ist herrlich entspannt. Ob Tellerwäscher oder Millionär – das Publikum ist bunt gemischt. Man schlemmt auf der Terrasse, lässig auf Treppen oder auch mal barfuß im Sand. Sowohl das Essen als auch die Weinauswahl sind fantastisch. Also, unvoreingenommen vorbeischauen und sich ein eigenes Bild machen. Einen Tisch für abends unbedingt vorab reservieren.

Schweiz.
DIE NATUR WILL
DICH ZURÜCK.
Alp Häcki, Engelberg, Luzern-Vierwaldstättersee, © Bruno Augsburger

Kleines Strandkorb-1x1

Strandkörbe gehören zu Sylt wie die Dünen und das Wattenmeer. Auf der Insel findest du knapp 12.000 Exemplare der maritimen Sitzmöbel. Tagsüber wird eine Mietgebühr fällig, die je nach Ort variiert. Es besteht sogar die Möglichkeit, vorab über die Tourismusservice-Stellen online zu reservieren. Ab spätem Nachmittag, wenn die Strandkorbvermietung schließt, kannst du dich allerdings kostenfrei hineinsetzen. Perfekt, um den Sonnenuntergang zu genießen und sich den Strandkorb insgeheim für die Terrasse daheim zu wünschen.

Doch wo wird der Sylter Strandkorb eigentlich hergestellt? Seit 1945 gibt es sie schon, die Strandkorbmanufaktur in Rantum. Dort werden jährlich über 1.000 Strandkörbe gebaut und exportiert. Voller Eifer wird gehämmert, gepolstert und geflochten, denn hier ist noch alles Handarbeit – und das bereits in dritter Generation. Du kannst dir aus unzähligen Modellen und Stoffbezügen deinen eigenen Strandkorb individuell zusammenstellen und nach Hause liefern lassen. Weitere Infos findest du auf www.meinstrandkorb.de.

'ne Menge Stoff

Knapp 7 laufende Meter Stoff werden für einen einzigen Strandkorb benötigt.

Starkes Stück

Ein klassischer Strandkorb für 2 Personen wiegt gute 65 Kilogramm.

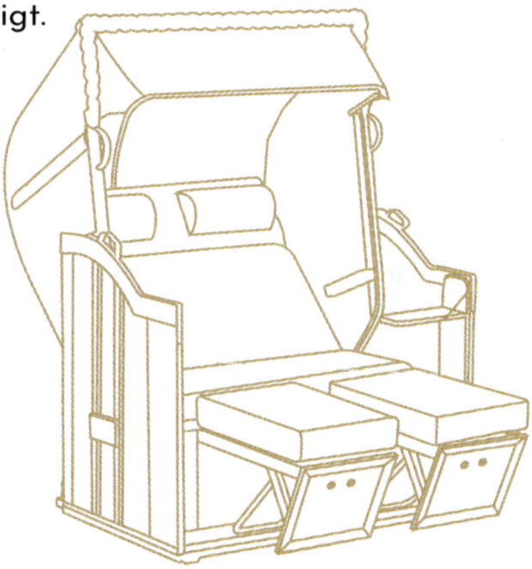

Viel Geflecht

500 Meter Kunststoffband werden innerhalb von 8 Stunden verflochten.

Drei, zwei, eins …

Jährlich werden in List zum Ende der Saison ausrangierte Strandkörbe versteigert. Der durchschnittliche Preis liegt bei 150 Euro. Infos auf www.list.de.

Restaurant & Weinbar

Coast

Tanke genussvolles Urlaubsfeeling
in lässigem Beach-Ambiente

Gastgeber | Jan Hendrik Rose

Mein Tipp: *Lust auf einen Absacker? Im Sommer schmeckt ein Gin Tonic oder ein kühles Craft Beer auf der schönen Terrasse besonders gut.*

Ein fröhlicher Fischschwarm tummelt sich auf stylishen Tapeten, die perfekt zum lässigen Beach-Ambiente des Restaurants passen. Dazu bildet die Bar im Industriestil einen tollen Kontrast. Mir gefällt's! Während Weinkenner Jan Hendrik hier den Laden schmeißt, wirbelt Küchenchef Tobias in der Küche umher. Dort setzt er auf frische Produkte aus der Region, am liebsten direkt von der Insel. Das Deichlamm stammt zum Beispiel von Kai

Petersens Gänsehof in Keitum und das Galloway von der Landschlachterei Andersen. Kombiniert mit mediterranen Geschmacksrichtungen zaubert Tobias fantasievolle Gerichte. Ich esse am liebsten das Rinderfilet mit Ziegenkäsekartoffelpü und Ofengemüse oder den Dry Aged Coast Burger mit Deichkäse und Parmesan-Fritten. Nach dem Dinner noch einen Spaziergang am endlosen Weststrand und ich bin wunschlos glücklich!

Coast	**Kontakt**
Restaurant & Weinbar	www.restaurant-coast.de
Stiindeelke 2	info@restaurant-coast.de
25980 Rantum	(04651) 15 51

Hotel Duene

Nimm dir eine Auszeit zwischen Wind, Wellen und Wellness

Gastgeber | Jan Hendrik Rose

Mein Tipp: *Das Hotel liegt nur fünf Gehminuten vom Strand entfernt. Da kann man beim Einschlafen den Wellen lauschen.*

Jan Hendriks Hotel Duene befindet sich in einem wunderschönen Reetdachhaus inmitten der Rantumer Dünen. Ein Ort, an dem man idyllische Ruhe findet und dennoch schnell ins Zentrum nach Westerland gelangt. Ich mag das herzliche und familiäre Ambiente hier sehr. Das Hotel bietet sowohl Doppelzimmer als auch Suiten, Apartments sowie angrenzende Ferienwohnungen und Ferienhäuser für Familien an, die allesamt richtig schick

eingerichtet sind. Eleganter Landhaus-Charme trifft auf modern-maritime Elemente und ganz viel Gemütlichkeit. Die Nutzung des Wellnessbereichs mit Schwimmbad und Sauna ist im Hotelpreis inklusive. So auch das köstliche Frühstück im hoteleigenen Restaurant Coast. Freu dich auf leckeren Kaffee, frischen Orangensaft und einen großen Teller mit regionalen Spezialitäten. Es fehlt an nichts und dir wird jeder Wunsch von den Augen abgelesen.

Hotel Duene	**Kontakt**
Stiindeelke 1	www.hotel-duene.de
25980 Rantum	info@hotel-duene.de
	(04651) 16 60

Kaffeerösterei Sylt

Folge dem Kaffeeduft über dem Rantumer Hafen

Inhaber | Christian Appel

Mein Tipp: *Infos zu den Röstzeiten findest du online. Gruppen sollten sich am besten vorher anmelden.*

Bist du auch so kaffeeverrückt wie ich? Dann wird dich der verführerische Duft von frisch gerösteten Bohnen, der sich aus der Kaffeerösterei Sylt von der Röstmaschine über den rustikalen Holztresen bis in die Luft über den Rantumer Hafen schlängelt, bestimmt von Weitem magisch anziehen. Inhaber Christian kommt hier am Rantumbecken seiner großen Leidenschaft – dem Kaffeerösten – nach. Du kannst ihm dabei sogar zusehen und seine Espressi

und Filterkaffees in Tüten mit nach Hause nehmen. Das urige, im Industrie-Stil eingerichtete Café lädt aber auch zum Verweilen bei hausgebackenem Kuchen nach Oma Appels Rezept und Kaffeespezialitäten von Cappuccino bis Flat White ein. Ich könnte mich hier problemlos den ganzen Tag aufhalten, denn ich mag das entspannte Ambiente, die gut gelaunten Menschen und die Liebe, mit der Getränke und Speisen zubereitet werden.

Kaffeerösterei Sylt	**Kontakt**
Hafenstraße 9	www.kaffeeroesterei-sylt.com
25980 Rantum	info@kaffeeroesterei-sylt.com
	(04651) 299 57 57

Samoa Seepferdchen

Verbring einen Tag im Dünenparadies zwischen den Meeren und lass dich kulinarisch verwöhnen

Gastgeber | Jan Nissen-Hünding

Mein Tipp: *Im Seepferdchen kannst du besonders „syltig" Hochzeit feiern. Den romantischen Sonnenuntergang gibt's sogar noch dazu.*

Locker, lässig, lecker: Mit diesen Worten lässt sich das legendäre Seepferdchen gut beschreiben. Das Restaurant befindet sich am Strandabschnitt Samoa inmitten der Dünen. Jan übernahm die Location von seinem Onkel Kalle, der hier 35 Jahre lang herumwirbelte. Im Sommer gibt es für mich kaum einen schöneren Platz als im Strandkorb auf der Terrasse. Auch der muckelige Innenbereich ist mit viel Liebe zum Detail gestaltet. Ein weiteres

Highlight ist die grandiose Küche von Küchenchef Jens Dührkop. Seine Gerichte sind regional-mediterran inspiriert und reichen von frischem Nordseefisch über Pasta, Lachs-Tatar und Salat-Bowls bis hin zum perfekt zubereiteten Kalbskotelett, das du auf dem Foto siehst. Jan und seine fröhliche Crew wissen, was Gastfreundschaft bedeutet. Ihre Herzlichkeit habe ich im Seepferdchen vom ersten Besuch an gespürt und mich sofort wohlgefühlt.

Samoa Seepferdchen	**Kontakt**
Hörnumer Straße 70	www.samoa-seepferdchen.de
25980 Rantum	info@samoa-seepferdchen.de
	(04651) 55 79

Lieblingsmomente

1. Hol dir ein Fischbrötchen am Hafenkiosk 24. Der Fisch kommt frisch vom Kutter! 2. Schau dir die größten Seepferdchen der Insel an. Sie stehen beim Strandrestaurant Samoa Seepferdchen (Seite 238). 3. Zwinker der nackten Frau in der Hafenstraße zu. 4. Nimm an einem Whisky Tasting im Trading Kontor teil. 5. Lach mal wieder! 6. Folge dem bemalten Gummistiefel, und du gelangst zum Rantumbecken.

7 Verbring einen Sommertag am Weststrand – inklusive Sonnenuntergang. 8. Schau genau hin und entdecke die vielen kleinen Häschen auf der Insel. 9. Leg mit deinem Boot zwei Stunden vor oder nach Hochwasser am Anleger an. 10. Sammle bei Ebbe Muscheln am Strand. 11. Spazier vorbei an grasenden Schafen auf dem Deich am Rantumbecken. 12. Geh auf eine Genussreise im 2-Sterne-Restaurant im Söl'Ring Hof.

Interview

Das Meer im Blick

Sie sind die Retter in der Not, zählen zum Inventar der Insel und sorgen für ein sicheres Gefühl: Rettungsschwimmer. So wie Tim Schubert, der über seine Liebe zum Meer an den Job gelangt ist

Sylt Fräulein: Hand aufs Herz – was muss ein Rettungsschwimmer mitbringen?

Tim Schubert: Als Rettungsschwimmer muss man den DLRG-Silber-Schein und die Brandungsprüfung absolvieren. Aber meiner Meinung nach reicht das nicht aus. Im besten Fall hat man eine starke Verbindung zum Element Wasser, ist vielleicht Surfer oder Leistungsschwimmer. Ein Rettungsschwimmer muss natürlich nicht nur schwimmen können, sondern auch die Strömungsverhältnisse einschätzen und sich mit Wellen auskennen.

Worin liegen die größten Gefahren auf Sylt?

Die Unterströmungen zwischen den Sandbänken („Trecker"), Buhnenreste und der Wellengang können das Baden im offenen Meer gefährlich machen. Die Nordsee ist natürlich nicht der Atlantik oder der Indische Ozean, aber trotzdem kann das Wasser heimtückisch sein. Jeder Tag ist anders und Situationen müssen individuell eingeschätzt werden. Wir müssen das Meer und unsere Gäste einfach immer im Blick haben.

Tim Schubert ist seit 13 Jahren Rettungsschwimmer.

Was muss ich beachten, wenn ich in der Nordsee baden gehen will?

Wir freuen uns, wenn unsichere Badegäste erst einmal zu uns kommen. Wir erklären, was es bedeutet, wenn die grüne, die gelbe oder die rote Fahne gehisst ist, oder wo Strömungen herrschen. Die Gäste sollen wissen, wann die Rettungsschwimmer überhaupt vor Ort sind. Vor allem aber sollen sie Spaß haben und ihren Urlaub auf der Insel genießen. Zudem ist es wichtig, sich an den aufgestellten Warnkreuzen und Warnschildern zu orientieren, um möglichst Abstand zu den Buhnen zu halten.

Und wann seid ihr vor Ort?

Wir sind Mitte Mai bis Ende September täglich von 10.30 Uhr bis 17 Uhr an den 17 bewachten Stränden zwischen Westerland und Rantum im Dienst. Ob ein Stand besetzt und einsatzbereit ist, erkennst du an der gehissten „Badezeit"- Flagge.

Die Badeampel verstehen:

Grün = Uneingeschränktes Baden erlaubt

Gelb = Baden nur in bewachten Abschnitten

Rot = Baden verboten!

»*Dieser Moment, wenn …*

… du dich hoch oben auf den Hörnumer Dünen fühlst wie die Königin der Insel«

Hörnum

Meerumschlungenes Happy End

Eine Umrundung der Hörnum-Odde gehört für mich zum Pflichtprogramm dazu. Die Südspitze hat noch mehr zu bieten: den Hafen, Wasser zu allen Seiten und den romantischen Leuchtturm

In dem Klassenzimmer wurden früher drei Schüler unterrichtet.

Leuchtturm der Liebe

Egal wo du dich im Inselsüden aufhältst – den Hörnumer Leuchtturm hast du immer im Blick. Zwischen April und Oktober finden sich dort vor allem Verliebte ein, denn im siebten Stock des Leuchtfeuers kann man sich trauen lassen. Auch ohne romantischen Anlass darf man ihn als einzigen Turm der Insel besichtigen. Leuchtturmführer Knud erzählt dir dabei spannende Geschichten über das maritime Wahrzeichen. Unter anderem, dass sich hier früher die kleinste Schule Deutschlands befand. Von der Galerie in luftiger Höhe wirst du mit einem herrlichen Ausblick über den Inselsüden belohnt. Da die Besichtigungen nur in kleinen Gruppen möglich sind, melde dich am besten im Voraus telefonisch unter (04651) 962 60 dafür an.

Der Hörnumer Leuchtturm wurde 1907 errichtet.

Hafenflair & Ausflugsfahrten

Ich beginne meine Erkundungstour immer im Hafen. Von dort aus werden verschiedene Ausflugsfahrten mit den Adler-Schiffen zu den Seehundbänken oder den Nachbarinseln Amrum und Föhr angeboten. Für Sportboote und Yachten ist der Sylter Yacht Club e. V. im nördlichen Teil des Hafens die richtige Anlaufstelle.

Moin, Willi!

Mit etwas Glück triffst du im Hafenbecken auf Willi, die berühmte Kegelrobbe, die sich gern von den Touristen füttern lässt. Du selbst kannst hier ebenfalls fangfrischen Fisch oder Muscheln vom Kutter ergattern. Ich hole mir am liebsten ein leckeres Fischbrötchen am Hafenkiosk von Fisch Matthiesen. Der Familienbetrieb führt auch ein Fischgeschäft in der Ortsmitte.

Manchmal bringt Willi sogar seine Freundin Sylta mit.

Willkommen
im Norden.
plop'
FLENSBURGER
FLENSBURGER
PILSENER
FLENSBURGER
PILSENER
BIER
BEWUSST
GENIESSEN.
#FLENS
Genuss erleben. Flensburger Pilsener.

Mein Tipp:

Jedes Jahr im August findet das Hörnumer Hafenfest statt. Ein maritimes Wochenende mit viel Programm, Segeltörns, Wettbewerben und weiteren Überraschungen.

Go with the waves

Das ruhige, flach abfallende Wasser auf der wellengeschützten Ostseite eignet sich besonders gut zum Stand Up Paddling und Surfen. Wer weiß – vielleicht begegnest du dabei im Wasser sogar einer Robbe oder einem Schweinswal. Wenn du Lust auf einen Surf-, Kite- oder Segelkurs hast, dann schau bei der Surfschule Südkap Surfing an der Strandpromenade vorbei. Infos findest du unter www.suedkap-surfing.de.

Wusstest du …

…dass Amrum und Föhr bei schönem Wetter gut am Horizont zu erkennen sind? Du fragst dich sicher, welche Insel denn nun welche ist? Dafür gibt es die RALF-Regel: rechts Amrum und links Föhr!

Die Tetrapoden prägen das Strandbild in Hörnum.

Wenn das Meer auf Angriff geht

Die Hörnum-Odde liegt wie ein Wellenbrecher in der Nordsee, die sich jährlich meterweise mehr Land klaut. Eine Umrundung dauert heute mit ungefähr eineinhalb Stunden bei Weitem nicht mehr so lange wie früher. 1972 waren es noch fünf Stunden. Die unzähligen Tetrapoden, gigantische Betonblocksteine, die am Strand verteilt liegen, sollten den Landverlust eindämmen – ohne Erfolg. Deshalb werden mit Spülschiffen jedes Jahr Hunderttausende Kubikmeter Sand vom Meeresboden an den Strand gepumpt. Das kostet unglaublich viel Geld, ist jedoch die einzige Möglichkeit, die Südspitze noch eine Weile zu erhalten. Nutze am besten jetzt die Chance, die Odde zu umrunden!

Ich liebe es, durch die Kersig-Siedlung zu spazieren.

Hyggeliges Auenlandfeeling

Wenn du die Odde vom Hafen aus umrundet hast, dann führt dich der Weg vorbei an einer Strandsauna und dem Strandbistro Kap-Horn. Folge dort den abgesteckten Wegen durch die Dünen und du wirst das Gefühl haben, durch das Auenland zu schlendern. Man meint, jederzeit könnte ein Hobbit durch die Fenster der Reetdachhäuser spähen. Von der höchsten Stelle aus hast du einen fantastischen Blick und entdeckst sicherlich das große weiße „Segel" der St.-Thomas-Kirche. Gar nicht weit entfernt liegt der Hörnumer Campingplatz – inmitten der Dünenlandschaft am kilometerlangen Sandstrand. Genau dort befindet sich das lässige Restaurant Strænd, in dem du superleckere Speisen zu erschwinglichen Preisen bekommst.

Wusstest du ...

...dass jedes Jahr über Pfingsten ein Beach Polo World Cup unmittelbar am Hörnumer Leuchtturm stattfindet? Infos unter www.polosylt.de/Julius-Baer-Beach-Polo-World-Cup-Sylt.

Interview

Küstenschutz

Ist die Insel noch zu retten?

Die Insel zu lieben bedeutet auch, sie zu schützen. Es ist das Zusammenspiel von Sturm und Brandung, von Ebbe und Flut, das die Westküste fortlaufend verändert. Und ihr allmählich das nimmt, was wir alle so schätzen: den Sand und das Land. Dass uns Küstenschutz alle etwas angeht, macht die Arbeit von Helge Jansen, Mitgründer der Stiftung Küstenschutz, deutlich

Sylt Fräulein: Helge, wieso braucht Sylt überhaupt Küstenschutz?

Helge Jansen: Seit vielen Hundert Jahren versuchen Menschen, sich auf der Insel vor den heftigen Sturmgewalten zu schützen. Sylt verliert durch die gewaltigen Strömungen an der Küste in jedem Jahr etwa 1,5 Meter Strand. Man muss Küstenschutz betreiben, um die Insel stabil zu halten. Anfänglich schüttete man nur einen Sandwall auf. Nachdem man merkte, dass so ein Wall schnell von den Fluten fortgespült wurde, baute man Deiche. Mit den Jahren wurden die Deiche besser, aber auch höher gebaut. Man entwickelte eine Vielzahl von Maßnahmen, um sich vor den täglichen Fluten und den Sturmfluten zu schützen.

Was ist das Verheerende an Naturspektakeln wie Stürmen, Sturmflut oder den Gezeiten?

Zunächst muss man klären, ob die Naturspektakel wirklich so verheerend sind. Das tägliche Wechselspiel zwischen Ebbe und Flut, die Gezeiten, gehören zu unserem Leben. Die normalen Herbststürme

Helge Jansen kennt die Probleme, aber auch mögliche Lösungen für unsere Lieblingsinsel.

auch. Entwickelt sich ein Sturm zur Sturmflut, erlebt man, dass die gewaltigen Wellen enorme Kräfte entfalten und Schäden anrichten können. Die entfesselte Natur mit den brechenden Wellen bietet ein besonderes, durchaus schönes Bild. Wenn man dann am Strand steht, ist man machtlos diesen Kräften ausgesetzt.

Welche Folgen hat es für Sylt, wenn nichts unternommen wird?

Wenn die Insel ohne Schutz den Sturmfluten ausgesetzt ist, dann würde sie immer kleiner werden. Irgendwann würde sie überflutet werden.

Was wird dagegen getan?

Heute haben wir einen Generalküstenschutz-Plan, einen Fachplan Sylt, einen Landesbetrieb für Küstenschutz, Nationalpark und Meeresschutz, einen Landschaftszweckverband auf Sylt sowie gute Feuerwehrleute und Rettungsdienste auf der Insel. Die Fachleute sind bestens ausgebildet und wissen, was im Schadensfall zu tun ist. Zu den aktuellen Küstenschutzmaßnahmen gehören Deichbau, Deckwerke, Sandaufspülungen an der Sylter Westküste, Halmpflanzungen sowie das Setzen von Sandfangzäunen und einiges mehr.

Welche Orte sind besonders betroffen?

Die Orte an der Westseite der Insel, also Hörnum, Rantum, Westerland, Wenningstedt-Braderup, Kampen, sowie List werden von Sturmfluten bedroht. Die Orte im Osten, Keitum, Archsum, Morsum, werden zwar von Deichen geschützt – aber auch die können bei einer hohen Sturmflut überlaufen.

Kann ich als Einzelperson etwas für den Küstenschutz tun?

Ja! Jeder sollte die Regeln bei der Nutzung der Wege durch die Dünen beachten. Weicht man von den Wegen ab und zertrampelt die Halmpflanzungen, dann hat der Wind leichtes Spiel und bläst den Sand fort. Wenn am Strand zu hohe Sandburgen gebaut werden, können Wellen bei Flut die gegrabenen Löcher aushöhlen und der Sand wird ins Meer gespült. Zudem kann man an die Stiftung Küstenschutz Sylt spenden. Die Stiftung sorgt dafür, dass die Spende sachgerecht eingesetzt wird.

Syltschützer werden
... mit einer Spende an die
Stiftung Küstenschutz:
DE 6121 7918 0500 0036 6366
BIC: GENODEF1SYL

Eine Million Kubikmeter Sand verschwinden jedes Jahr durch Abtragung.

Syltschützer-Ticket

Dieses Ticket für den Syltshuttle kostet einen Euro mehr und der geht an die Stiftung Küstenschutz. Buchbar am Check-in in Niebüll oder Westerland.

„Meer trifft Küste"…

…heißen die interessanten Küstenschutzführungen von Geowissenschaftler Arfst Hinrichsen. Infos, Routen und Termine unter **www.hinrichsen-nf.de.**

Hotel 54° Nord

Gib deinen Alltag an der Rezeption ab und erlebe entspannte Tage im Herzen Hörnums

Gastgeberin | Annika Evers

Mein Tipp: *Auch als Nicht-Hotelgast kannst du dich im Dock 2 mit Flammkuchen, Currywurst, Pellkartoffeln mit Krabben oder Burgern stärken.*

Vom Klabautermannfrühstück über die Einrichtung im Stil eines Schiffscontainers bis hin zum geselligen Abend bei einer Buddel Wein und regionalen Speisen – die Genusswirtschaft Dock 2 hat es mir angetan. Das stylishe Bistro gehört zum zentral in der Ortsmitte gelegenen Hotel 54° Nord. Stilvoll, modern, maritim. Diese drei Worte beschreiben es für mich am besten. Denn die charmanten Doppel- und geräumigen Deluxe-Zimmer sind sehr

individuell eingerichtet und überraschen mit außergewöhnlichem Design. Sie verfügen über Loggien oder Terrassen mit Strandkorb. Der Wellnessbereich mit Sauna ist für mich die perfekte Belohnung nach einem ausgiebigen Spaziergang am Hörnumer Strand. Das einstige Hapag-Haus war früher übrigens einmal Start- und Zielbahnhof der 1888 erbauten Inselbahn. Viele Details im 2013 eröffneten Hotel erinnern noch an diese Zeit.

Hotel 54° Nord	**Kontakt**
Strandstraße 2	www.hotel54gradnord.de
25997 Hörnum	info@hotel54gradnord.de
	(04651) 44 91 70

Lund Sylt

Mach eine Pause von deinem Strandtag
und lass dich im Lund verwöhnen

Inhaber | Dieter Lund

Mein Tipp: *Im Eissortiment gibt es neben den Klassikern wechselnde Spezialsorten, die du unbedingt alle einmal probieren solltest.*

Das Lund mit Café, Konditorei, Bäckerei und Restaurant ist eine echte Hörnumer Institution. Immerhin werden hier seit über 70 Jahren Brot, Brötchen, Torten und Kuchen gebacken, norddeutsche Gerichte gekocht und die berühmte „Sölring Iskreem" (Sylter Eiskrem) hergestellt. Die Geschwister Maike und Jens führen den Familienbetrieb heute in dritter Generation weiter. Das einstige 50er-Jahre-Ambiente haben sie liebevoll

rekonstruiert. Im Sommer suche ich mir gern ein Plätzchen im blühenden Garten vor dem Haus oder hol mir ein Eis für den Weg. Auf dem Foto siehst du Konditor und Küchenmeister Jens – lässig mit Strickmütze. Er begeistert mich mit seiner Liebe zu regionalen Produkten und den kreativen Leckereien wie Deichlammschulter mit Gemüse vom Biohof Erdbeerparadies Braderup. Nicht zu vergessen die üppigen Tortenstücke. Was dir wohl am besten schmeckt?

Lund Sylt
Rantumer Straße 1–3
25997 Hörnum

Kontakt
www.lund-sylt.de
info@cafe-lund.de
(04651) 88 10 34

Restaurant Möller's Anker

Erlebe anspruchsvolle Küstenküche
in maritimem Ambiente

Gastgeber | Thorsten Möller

Mein Tipp: *Auf Vorbestellung serviert Thorsten ein vielseitiges Fleisch- und Fischfondue. Freitags gibt's immer fangfrische Miesmuscheln.*

Wenn ich nach Empfehlungen für Restaurants mit veganen Speisen gefragt werde, dann ist Möller's Anker nahe dem Hörnumer Hafen mein erster Tipp. Denn vegane und vegetarische Gerichte sind ein liebgewonnenes Steckenpferd von Gastgeber und Koch Thorsten. Auf dem Foto siehst du die superleckere Anker-Rainbow-Bowl mit Brokkoli, Avocado, Gelber Bete, Edamame, mariniertem Rotkohl, Granatapfel, Daikonrettich, Süßkartoffel-

dip, geröstetem Sesam und Quinoa-Couscous. Doch auch Fleisch- und Fischesser finden auf der Speisekarte ihr Glück. Thorsten legt sehr großen Wert auf Zutaten aus regionalem Anbau in Bioqualität. Zum Essen wird die hausgemachte Anker-Gewürzmischung gereicht. Die urige Inneneinrichtung mit viel Holz, Kerzenlicht und liebevoller Deko ist ganz mein Ding. Als Nordlicht fühle ich mich zwischen Ankern und Seemannsfiguren einfach wie zu Hause.

Restaurant Möller's Anker	**Kontakt**
Blankes Tülchen 8	www.moellers-anker.de
25997 Hörnum	info@moellers-anker.de
	(04651) 88 10 50

Lieblingsmomente

1. Setz dich auf die Bank am Aussichtspunkt Möwennest. Du findest ihn, wenn du von der Rantumer Straße auf die Norderstraße abbiegst und in Richtung Jugendgästehaus „Möwennest" fährst. 2. Geh an Bord eines Ausflugsschiffes. 3. Fühl dich schwerelos am südlichsten Fleck der Insel. 4+5. Leih dir ein Stand-up-Paddle-Board bei der Surfschule Südkap Surfing. 6. Unternimm einen Tagesausflug zu den Nachbarinseln.

7. Probier dich durch die kunterbunten Eissorten vom Café Lund (Seite 264). 8. Trink eine Sylter Brause im Restaurant Strænd. 9. Folg den Baumstammfiguren am Weststrand zum Strandbistro Kap-Horn. 10. Hol dir einen Crêpe am Hafenkiosk und setz dich auf die hübsch dekorierte Terrasse. 11. Verbring deinen Urlaub im Hotel Budersand. Übrigens: In unmittelbarer Nähe liegt ein 73 Hektar großer Golfplatz.

Exklusives
LESER-SPECIAL*

Erlebe deine

Dinge, die du unbedingt einmal auf Sylt

- ♡ Alle fünf Leuchttürme fotografieren.
- ♡ In der Nordsee baden.
- ♡ Eine Fahrradtour unternehmen.
- ♡ Willi am Hörnumer Hafen besuchen.
- ♡ Einen Ausflug zu den Seehundbänken machen.
- ♡ Den Sonnenuntergang am Roten Kliff betrachten.
- ♡ An einer Wattwanderung teilnehmen.
- ♡ Einen Tag im Strandkorb verbringen.
- ♡ In der Friedrichstraße bummeln.
- ♡ Eine Postkarte von der Insel verschicken.
- ♡ Eines der vielen Museen besuchen.
- ♡ Ein Fischbrötchen am Lister Hafen essen.
- ♡ Zu Fuß durch Keitum schlendern.
- ♡ Das Morsum-Kliff erkunden.
- ♡ Einen Drachen steigen lassen.
- ♡ Den Ellenbogen umrunden.
- ♡ Den Hörnumer Leuchtturm besichtigen.

eigene Inselgeschichte

gemacht haben solltest:

- ♡ Dich nach einem Winterspaziergang in einem gemütlichen Café aufwärmen.
- ♡ Einmal um die Hörnum-Odde spazieren.
- ♡ Die Uwe-Düne erklimmern.
- ♡ Das Rantumbecken umrunden.
- ♡ Durch die Braderuper Heide wandern.
- ♡ Wind- oder Kitesurfen in einer Surfschule lernen.
- ♡ Früh aufstehen und den Sonnenaufgang auf der Wattseite betrachten.
- ♡ An der Sylter Heckenrose schnuppern.
- ♡ In einer Strandsauna schwitzen.
- ♡ Kilometerweit am Weststrand spazieren.
- ♡ Über den Nössedeich radeln.
- ♡ Friesentee und Friesentorte probieren.
- ♡ Die Biike mit einer Fackel entzünden.
- ♡ Das Sylter Friesisch Sölring lernen.
- ♡ An einem Beach-Clean-up teilnehmen.
- ♡ Muscheln sammeln.

Vom Blog zum Buch

Mit diesem Buch hältst du das Ergebnis
meines Sylt-Jahres in der Hand,
das mit einem Klick seinen Anfang nahm

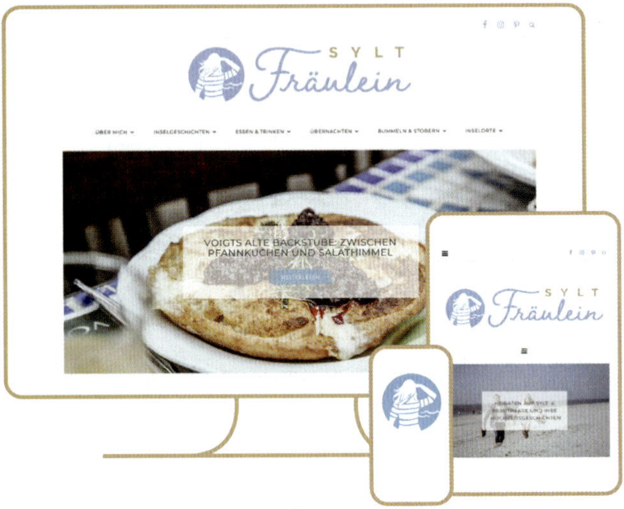

Hier findest du mich

SyltFraeulein @sylt_fraeulein

#syltfräulein

Nutze diesen Hashtag und poste ein schönes Foto von meinem Sylt-Fräulein-Buch. Unter allen Teilnehmern verlose ich bis zum 15. Dezember 2019 eine limitierte Sylt-Fräulein-Strandtasche, befüllt mit Sylter Produkten, sowie ein Wochenende in einem der hier vorgestellten Hotels. Infos zu den Gewinnspiel-AGB unter www.sylt-fraeulein.de/gewinnspielagbs.de.

www.syltfraeulein.de

Im Mai 2018 begann meine spannende Reise in der Rolle des Sylt Fräuleins, als der Blog nach monatelanger Planung endlich online ging. Ein Herzensprojekt, in das nicht nur ich, sondern viele liebe Kollegen von falkemedia viel Leidenschaft stecken. Leidenschaft für Sylt, für die besonderen Orte und Menschen der Insel. Das enorme Feedback und Zehntausende Fans auf allen Social-Media-Kanälen in so kurzer Zeit hätten wir nicht erwartet. Vor allem der Austausch mit den Lesern begeistert mich täglich. Denn ich teile nicht nur meine Tipps, sondern erhalte auch wertvolle Empfehlungen von anderen Insel-Fans. Ich bin stolz, dass ich meine Geschichten nun auf den Seiten dieses Büchleins erzählen kann. Ein Stück Sylt zum Anfassen sozusagen. Es gibt jedoch noch so viel mehr über die Insel zu berichten. Auf dem Blog teile ich daher weiterhin spannende Entdeckungen mit dir. In meinen Live-Videos auf Facebook und Instagram nehme ich dich sogar jedes Mal hautnah mit nach Sylt. Ich freue mich, wenn du mich dort begleitest!

Adressregister

Hotel 54° Nord
Strandstraße 2, Hörnum
(04651) 44 91 70
www.hotel54gradnord.de

A

Hotel Aarnhoog
Gaat 13, Keitum
(04651) 39 90
www.aarnhoog.de

Adler-Schiffe
Boysenstraße 13, Westerland
(04651) 987 08 88
www.adler-schiffe.de

Alte Friesenstube
Gaadt 4, Westerland
(04651) 12 28
www.altefriesenstube.de

Alte Wäscherei
Gurtstig 2, Keitum
(04651) 835 20 20
www.altewaescherei.com

Altfriesisches Haus
Am Kliff 13, Keitum
(04651) 311 01
www.soelring-foriining.de

Appartements & Mehr
Süderweg 1a, Kampen
(04651) 99 59 50
www.kampeninfo.de

A-ROSA Sylt
Listlandstraße 11, List
(04651) 96 75 07 00
www.a-rosa-resorts.de

B

Barbushka Cocktailcafé Sylt
Friedrichstraße 14,
Westerland
(0172) 536 80 23

BeachHouse-Sylt
Käpt'n-Christiansen-Straße
41a, Westerland
(04651) 288 78
www.beachhouse-sylt.de

Hotel Benen-Diken-Hof
Keitumer Süderstraße 3-5,
Keitum
(04651) 938 30
www.benen-diken-hof.de

Bett & Bude Boardinghouse
Kirchenweg 6, Westerland
(04651) 957 73 13
www.bettundbude.de

Blumen Hansen
Kirchenweg 10, Westerland
(04651) 92 71 50

Brot & Bier
Gurtstig 1, Keitum
(04651) 936 37 43
www.brot-und-bier.de

Buchhaus Voss
Friedrichstraße 27,
Westerland
(04651) 835 62 57
voss.buchhandlung.de

Budersand Hotel, Golf & Spa
Am Kai 3, Hörnum
(04651) 460 70
www.budersand.de

Butcherei Grill & Bar
C.-P.-Hansen-Allee 2a, Keitum
(04651) 886 43 00
www.butchereisylt.de

C

Coast Restaurant & Weinbar
Stiindeelke 2, Rantum
(04651) 15 51
www.restaurant-coast.de

Crêperie am Meer
Firedrichstraße 333 a,
Westerland
(04651) 20 18 89
www.creperie-am-meer.de

D

Denghoog
Am Denghoog 1,
Wenningstedt-Braderup
(0170) 697 16 87
www.soelring-museen.de

Dittmeyer's Austern-Compagnie
Hafenstraße 10–12, List
(04651) 87 08 60
www.sylter-royal.de

Hotel Duene
Stiindeelke 1, Rantum
(04651) 16 60
www.hotel-duene.de

Dünenstrauss
Dünenstraße 1 b, List
(04651) 338 19 89
www.duenenstrauss.de

E

Hotel Easy Living
Hafenstraße 2 a, List
(04651) 936 50 50
www.hotel-easy-living.de

EBIKE Sturmflotte
Stephanstraße 8, Westerland
(01525) 332 86 94
www.ebikesturmflotte.com

Erlebniszentrum Naturgewalten
Hafenstraße 37, List
(04651) 83 61 90
www.naturgewalten-sylt.de

F

Hotel Fährhaus Sylt
Bi Heef 1, Munkmarsch
(04651) 939 70
www.fährhaus-sylt.de

Fisch Matthiesen
Rantumer Straße 8, Hörnum
(04651) 88 17 73
www.fisch-matthiesen-sylt.de

Friesenkapelle
Bi Kiar 3,
Wenningstedt-Braderup
(04661) 836 29 64
www.friesenkapelle.de

G

Restaurant Franz Ganser
Böttícherstraße 2, Westerland
(04651) 229 70
www.ganser-sylt.de

Genuss-Shop Johannes King
Gurtstig 2, Keitum,
(04651) 967 77 90

GOSCH, Verwaltungs GmbH & Co. KG
Hafenstraße 16, List
(04651) 951 90
www.gosch.de

H

Hafenkiosk 24
Hafenstraße 24, Rantum
(04651) 73 91
www.hafenkiosk24.de

Hansenhof
Terpstig 65, Morsum
(0171) 238 50 74
www.hansenhof-sylt.de

Hotel Hof Galerie
Serkwai 1, Morsum
(04651) 95 70 50
www.hotelhofgalerie.de

Adressregister

I

Restaurant iismeer
Strandstraße 25,
Wenningstedt-Braderup
(04651) 957 27 19
www.iismeer.com

Café Ingwersen
Terpstich 76, Morsum
(04651) 82 33 42
www.ingwersen-sylt.de

K

Kaffeerösterei Sylt
Hafenstraße 9, Rantum
(04651) 299 57 57
www.kaffeeroesterei-sylt.com

Strandbistro Kap-Horn
Süderende 24, Hörnum
(04651) 88 15 48
www.kap-horn-sylt.de

Kleine Küchenkate
Hoyerstig 2, Keitum
(04651) 333 87
www.kleinekuechenkate.de

Hofcafé Klein'er Kuhstall
Südhörn 7c, Tinnum
(04651) 835 30 05
www.kleinerkuhstall.de

Kleine Teestube
Westerhörn 2, Keitum
(04651) 318 62
www.kleineteestube-sylt.de

Restaurant Königshafen
Alte Dorfstraße 1, List
(04651) 87 04 46
www.koenigshafen.de

Kontorhaus Keitum
Siidik 15, Keitum
(04651) 889 11 94
www.kontorhauskeitum.de

Kursaal³
Strandstraße 25,
Wenningstedt-Braderup
(04651) 447 30
www.kursaal3-sylt.de

L

Lund Sylt
Rantumer Straße 1-3, Hörnum
(04651) 88 10 34
www.lund-sylt.de

M

Manne Pahl
Zur Uwe Düne 2, Kampen
(04651) 425 10
www.manne-pahl.de

Manufakturladen der Sylter Werkstätten
Zum Fliegerhorst 33, Tinnum
(04651) 886 37 00
www.sylter-werkstaetten.de

Manufaktur Lederwerkstatt
M.-T.-Buchholz-Stich 9,
Wenningstedt-Braderup
(04651) 431 35
www.manufaktur-sylt.de

Marine-Golf-Club Sylt
Flughafen 69, Tinnum
(04651) 92 75 75
www.sylt-golf.de

Café Mateika
Bismarckstraße 13, Westerland
(04651) 240 81
www.mateika.de

Meerkabarett
Hafenstraße 1, Rantum
(04651) 47 11
www.meerkabarett.de

michel & ida
Norderstraße 42, Westerland
(04651) 467 90 11
www.michelundida.com

Hotel Miramar
Friedrichstraße 43,
Westerland
(04651) 85 50
www.hotel-miramar.de

Möller's Anker
Blankes Tälchen 8, Hörnum
(04651) 88 10 50
www.moellers-anker.de

N

Naturzentrum Braderup
M.-T.-Buchholz-Stich 10 a,
Wenningstedt-Braderup
(04651) 444 21
www.naturschutz-sylt.de

Nielsens Kaffeegarten
Am Kliff 5, Keitum
(04651) 316 85
www.nielsens-
kaffeegarten-sylt.de

R

Restaurant Rauchfang
Strönwai 5, Kampen
(04651) 426 72
www.rauchfang-kampen.de

Reblaus Wine & Dine
Am Tipkenhoog 2, Keitum
(04651) 886 89 70
www.reblaus-sylt.de

Reitschule Volquardsen
Terpwai 17,
Wenningstedt-Braderup
(04651) 443 69
www.www.erdbeerparadies-
sylt.de

S

Samoa Seepferdchen
Hörnumer Straße 70, Rantum
(04651) 55 79
www.samoa-seepferdchen.de

Sansibar
Hörnumer Straße 80, Rantum
(04651) 96 46 46
www.sansibar.de

Landhaus Severin's
Nösistig 13, Morsum
(04651) 460 68 80
www.landhaus-severins.de

Severin's Resort & Spa
Am Tipkenhoog 18, Keitum
(04651) 46 06 60
www.severins-sylt.de

Shirobar
Keitumer Chaussee 5 a,
Westerland
(04651) 967 94 49
www.shirobar.de

SIEBZEHN84 & MILES BAR
Boy-Nielsen-Straße 10, Tinnum
(04651) 889 90
www.landhaus-stricker.com

Hotel Söl'Ring Hof
Am Sandwall 1, Rantum
(04651) 83 62 00
www.soelring-hof.de

Bistro S-Point Sylt
Lornsenweg 7, Westerland
(04651) 350 47 46
www.s-point-sylt.de

**Steffen's Restaurant
im Golf-Club Sylt**
Norderweg 5,
Wenningstedt-Braderup
(04651) 995 98 41
www.restaurant-steffens.de

St.-Martin-Kirche
Haawerlön 1, Morsum
(04651) 317 13
www.kirche-morsum-sylt.de

Stræend Sylt
Am Campingplatz 3, Hörnum
(04651) 936 43 33
www.straend-sylt.de

Strandkorbmanufaktur
Hafenstraße 10, Rantum
(04651) 228 43
www.meinstrandkorb.de

St.-Severin-Kirche
Pröstwai 20, Keitum
(04651) 317 13
www.st-severin.de

Südkap Surfing
Strandpromenade 1, Hörnum
(04651) 995 44 10
www.suedkap-surfing.de

Surfschule Sunset Beach
Brandenburger Straße 15, Westerland
(04651) 271 72
www.sunsetbeach.de

Sylt-Aquarium
Gaadt 33, Westerland
(04651) 836 25 22
www.syltaquarium.de

Sylter Bonscherei
Hafenstraße 4, Rantum
(04651) 299 09 09
www.sylter-bonscherei.de

Sylter Eismanufaktur
Dünenstraße 3, List
(04651) 835 68 10
www.sylter-eismanufaktur.de

Sylter Meersalz Manufaktur
Hafenstraße 2, List
(04651) 942 90 74
www.sylter-meersalz.de

Sylter Sagenwald
Im Wäldchen am Osetal, Wenningstedt-Braderup
www.wenningstedt.de

Sylter Schokoladenmanufaktur
Zum Fliegerhorst 15, Tinnum
(04651) 299 15 01
www.cafe-wien-sylt.de

Sylter Seifen Manufaktur
Bi Miiren 11, Morsum
(04651) 460 99 77
www.sylterseifen.de

Sylter Suppen
Dünenstraße 1, List
(0160) 430 70 70
www.sylter-suppen.de

Sylter Trading Kontor
Hafenstraße 14, Rantum
(04651) 995 90 26
www.sylter-trading.de

Sylter Verkehrsgesellschaft
Trift 1, Westerland
(04651) 83 61 00
www.svg-busreisen.de

Sylter Welle
Strandstraße 32, Westerland
(04651) 99 81 11
www.sylterwelle.de

Sylt4Fun Halle
Norddörfer Halle
Norderweg 6, Wenningstedt-Braderup
(04651) 44 70
www.facebook.com/sylt4fun

Sylt Foundation
Hafenstraße 1, Rantum
(04651) 920 33
www.syltfoundation.com

Sylt Museum
Am Kliff 19, Keitum
(04651) 316 69
www.soelring-museen.de

Syltness Center
Doktor-Nicolas-Straße 2, Westerland
(04651) 99 81 12
www.syltnesscenter.de

Sylt Quelle
Hafenstraße 1, Rantum
(04651) 92 03 20
www.sylt-quelle.de

Sylt Surfing
Bi Heef 4, Munkmarsch
(04651) 93 50 77
www.syltsurfing.de

T

Tierpark Tinnum
Ringweg 100, Tinnum
(04651) 326 01
www.syltmail.de/tierpark_tinnum

Töpferei Skoluda & Bruttel
Gaat 6, Keitum
(0178) 515 11 85
www.ferien-im-toepferhaus.de

Twisters Sylt
Dünenstraße 13–15, Wenningstedt-Braderup
(04651) 957 84 32

U

Ute Hillenbrand Atelier
An der Rollbahn 1, Tinnum
(0173) 546 63 33
www.roehrenderhirsch.de

V

Villa Kunterbunt
Obere Promenade, Westerland
(04651) 99 82 75
www.insel-sylt.de/villa-kunterbunt

Vino Vin
Mittelweg 5/Keitumer Landstraße, Tinnum
(04651) 936 54 84
www.vinovin-sylt.de

Restaurant Vogelkoje
Lister Straße 100, Kampen
(04651) 952 50
www.vogelkoje.de

Voigts Alte Backstube
Süderhörn 2, List
(04651) 87 05 12
www.voigts-sylt.de

Y

Youksakka Bow & Funcompany
Keitumer Landstraße/Am Sportzentrum, Tinnum
(0177) 802 73 09
www.youksakka.de

Z

Restaurant Zur Eiche
Zur Eiche 38, Tinnum
(04651) 311 44
www.zureichesylt.de

Sylt ist kein Ort,
sondern ein Gefühl.

Ilse, Hauke & die Liebe

Wie so viele andere, die Sylt lieben, habe auch ich meine eigene kleine Inselgeschichte. Diese begann sogar, bevor ich das Licht der Welt erblickte

Oma und Opa

Ich bin Finja, 30 Jahre alt und Kieler Küstenmädchen mit Sylter Wurzeln. Vor über 50 Jahren lernten sich meine Großeltern Ilse und Hauke in Westerland kennen. Mein Opa verliebte sich auf den ersten Blick in meine Oma, die damals in der Fleischerei Kaiser's arbeitete. Jeden Tag schaute er dort vorbei, um ihr Herz zu gewinnen. Es folgten die Hochzeit und drei Kinder. Meine Mama Britta ist sogar gebürtige Sylterin. Meine Familie steuerte dann allerdings Kiel als neuen Heimathafen an. Dort wurden mein kleiner Bruder Oliver und ich geboren. Dennoch verbrachten wir viele schöne Kindheitstage auf der Insel, denn unsere Uroma Hertha wohnte damals in einem Reetdachhaus in List. Noch heute habe ich Verwandte auf Sylt. Fest verankert bin ich jedoch in Kiel, wo ich als Redakteurin und Fotografin bei falkemedia arbeite. In Zusammenarbeit mit dem Medienhaus teile ich meine Liebe für Schleswig-Holstein seit mehreren Jahren auf dem Erfolgs-Blog www.fördefräulein.de. So rückte auch Sylt in unser Blickfeld. Aufgrund meiner persönlichen Verbindung zu diesem Fleckchen Erde in der Nordsee entstand die Idee, Sylt einen besonderen Rahmen zu schenken. Einen authentischen Blog ins Leben zu rufen, auf dem ich die Insel mit all ihren Facetten in Worten und Bildern zeige. Dafür pendle ich Monat für Monat zwischen Kiel und Sylt. Für mich ein absoluter Traumjob!

Juli '90, Westerland

Danksagung

Danke

Dieses Büchlein wäre ohne die Hilfe von anderen Menschen nicht entstanden. Dafür möchte ich mich von Herzen bedanken

Kassian Goukassian, danke, dass du mir die Möglichkeit gegeben hast, in die Rolle des Sylt Fräuleins zu schlüpfen und dass du meine Stärken förderst.

Wolfgang Pohl, danke für deine unglaubliche Energie, dein gigantisches Netzwerk und deinen positiven Zuspruch.

Katharina Troch, danke für deinen Einsatz und deine unschlagbar guten Ideen. Du bist ein großes Vorbild für mich!

Lara Klemm, danke, dass du ein so schönes Buch gelayoutet hast und meine Vorstellungen mit so viel Liebe zum Detail umgesetzt hast.

Lene Rusbült, Mona Dabringer und Kathrin Knoll, danke für eure redaktionelle und fotografische Unterstützung.

Ich danke **Regina Kühfuß, Jana Buschmann, Rainer Thomas, Marleen Osbahr, Mariechristin Lulli** und allen falkemedians, die mich bei diesem Projekt unterstützt haben.

Nicht zu vergessen das Team rund um **Sigrun Pohl von SchlussBlick**, das jede Seite dieses Buches Korrektur gelesen hat.

Auch bei allen Syltern, die Teil meiner Inselgeschichten sind, möchte ich mich für das mir entgegengebrachte Vertrauen bedanken. Es war eine wundervolle Reise mit euch, die mich in vielerlei Hinsicht bereichert hat.

Ein ganz großer Dank geht an meine Familie, meinen Freund und meine Freunde. In der intensivsten Arbeitsphase musstet ihr oft auf mich verzichten. Trotz der vielen Monate auf der Insel habe ich meinen Heimathafen immer im Herzen getragen.

Zu guter Letzt möchte ich mich bei **allen Sylt-Fräulein-Fans** bedanken. Ohne euch wäre unser Projekt nicht so schnell gewachsen. Ohne euch würde ich dieses Büchlein wohl nicht in den Händen halten.

Impressum

Herausgeber: Kassian A. Goukassian, falkemedia Stadtmagazine GmbH, An der Halle 400 #1, 24143 Kiel, Tel. (0431) 200 766-00, Fax (0431) 200 766-50, HRA 8781 KI Amtsgericht Kiel

Mitglied der Geschäftsleitung & Marketingleitung: Wolfgang Pohl

Autorin & Fotografin: Finja Schulze

Designkonzept & leitende Grafik: Lara Klemm

Konzeption & inhaltliche Entwicklung: Katharina Troch und Finja Schulze

Redaktion: Finja Schulze, Lene Rusbült und Ramona Dabringer

Design-Entwicklung & Layout: Lara Klemm und Mariechristin Lulli

Bildbearbeitung: Marleen Osbahr

Projektmanagement: Rainer Thomas, Regina Kühfuß und Jana Buschmann

Lektorat: Sigrun Pohl (SchlussBlick, Hamburg)

Druckmanagement: impress Media GmbH, impress-media.de

Anzeigen & Vertrieb: falkemedia GmbH & Co. KG

Illustrationen: Herzen im gesamten Buch: S. 171/243/260/274: Lara Klemm, S. 231/200: Mariechristin Lulli. Alle weiteren Illustrationen von: www.gettyimages.de. Herzchenlinien im gesamten Buch: PinkPueblo, Anker im gesamten Buch: vectorikart. S. 6/9/88: kyuree, S. 7: Marvid, S. 87: krugli, S. 107: FrankRamspott, S. 108: Pikovit44, S. 123: ourlifelooklikeballoon, S. 129: Cheremuha, S. 170: Yevhenii Dubinko, S. 182: LokFung, S. 193: Handini_Atmodiwiryo, S. 194: ulimi, S. 194/259: kite-kit, S. 216: redchocolatte, S. 276 ulimi, S. 287: kleyman

Fotografie: Finja Schulze, Kathrin Knoll, Lene Rusbült. Außer: S. 60/61: Appartements & Mehr, S. 66: Stefan Malzkorn, S. 67: rechts: Stefan Malzkorn, S. 67: links: Metin Yelkenli, S. 87: Phaedra Klein, S. 93: Axel Steinbach, S. 95: Bett & Bude Boardinghouse, S. 97: rechts: David Norden, S. 98/99: Hotel Miramar, S. 107: Michael Magulski Fotografie, S. 123: Margit Ludwig, S. 157: Hotel Aarnhoog, S. 162: Markus Tollhopf, S. 182: www.gettyimages.de/jctabb S. 186/187: David Norden, S. 195: Jenny Langenberg, S. 220/226: David Norden, S. 227: www.gettyimages.de/Creative-Nature_nl, S. 233: rechts: David Norden, S. 238: Axel Steinbach, S. 250: www.gettyimages.de/happyborder, Umschlag: gettyimages.de/phatthanit_r, gettyimages.de/imamember

falkemedia stadtmagazine GmbH | Kiel, 2019
www.syltfraeulein.de